我的青春我的梦

全国中学生校园美文精品集萃丛书

一重烟水一重云

只是偷偷地喜欢你啊

《中学生博览》杂志社 选编

时代文艺出版社

图书在版编目（CIP）数据

只是偷偷地喜欢你啊 /《中学生博览》杂志社选编．—长春：时代文艺出版社，2018.8（2023.6重印）
（“我的青春我的梦”全国中学生校园美文精品集萃丛书）

ISBN 978-7-5387-5691-3

Ⅰ.①只… Ⅱ.①中… Ⅲ.①作文－中学－选集 Ⅳ.①H194.5

中国版本图书馆CIP数据核字（2018）第000143号

出 品 人 陈 琛
产品总监 郭力家
责任编辑 王金弋
装帧设计 李 斌
排版制作 隋淑凤

只是偷偷地喜欢你啊

《中学生博览》杂志社 选编

出版发行 / 时代文艺出版社
地址 / 长春市福祉大路5788号 龙腾国际大厦A座15层 邮编 / 130118
总编办 / 0431-81629751 发行部 / 0431-81629758
官方微博 / weibo.com / tlapress
印刷 / 北京一鑫印务有限责任公司
开本 / 700mm × 980mm 1 / 16 字数 / 153千字 印张 / 11
版次 / 2018年8月第1版 印次 / 2023年6月第5次印刷 定价 / 34.80元

图书如有印装错误 请寄回印厂调换

编 委 会

目录

暗恋是一场盛大的台风

暗恋不过一场热伤风

暗恋是一场盛大的台风

好友说，每场无疾而终的暗恋都像一场盛大的台风，伤害在所难免，但无论如何遍体鳞伤如何神悲心碎，总会迎来雨过天晴的一天。那时你会发现，天更蓝了，云更白了，而那小暗恋，是那么值得珍藏。

因为那是属于你的，独一无二的青春晴雨表。

不再暗藏的情书

张爱笛声

高二那年的十月。蝉声渐渐薄弱，初秋的气息夹在树叶里，飞鸟徘徊，万物都从浮躁和灼热的边缘慢慢走向冰凉。我没想过我会在那样的季节里喜欢上一个人，毕竟专家都说，人在十月份的时候分泌的多巴胺其实并不旺盛，可谁会想到它偏偏在那个时候催生了我的暗恋。这个故事，关于暗恋，关于我和叶嘉树。

1

我们是什么时候开始有交集的？大概就是高二那年的秋天，我在QQ上收到一条消息，来自叶嘉树。他说，张珺珺，你可以借我三百块钱吗？我有急用，你先借我，这个星期一定还你。

我愣了三秒，随即快速回了一个字：有。

三分钟以后，我按照他说的步骤，把三百块汇到了一个账户里。他的头像马上灰了下去，连句谢谢也没说。但是我心里依然有种难言的激动，叶嘉树竟然和我说话了，就连借钱这种令人窘迫的事情，他想到的人竟是我，不是别人。

我知道我并不优秀。我平平凡凡，扎在人堆里就是个路人甲，而且我说话的声音还沙哑，像是男生的声音。难看的雀斑铺在脸颊，像是一幅很糟糕的画。我平时都不敢和男生开口说话，当然了，也没有男生很乐意和我说话。

叶嘉树是我们班的班长，他耀眼、时尚、爱玩，成绩虽不十分拔尖，却也算优秀。我在上高中的时候就知道他，但从来没想过会认识他。直到高二时他和我分到同一个班级，成了我们的班长。为了方便交流，他加了班里每一个同学的QQ，我常常会莫名期待，他会在偶然的一个时间给我发个信息，“张珺珺，英语老师布置的作业是课本第几页？”“张珺珺，明天的郊游你去吗，你是唯一一个没报名的了哦。”但是一次也没有。

本来每个月只有六百块生活费的我，在借给叶嘉树三百块钱后，日子就过得紧巴了一些。从星期一到星期五，叶嘉树都没有和我说过话，也没有提过钱的事。他依旧如往常一样，打球、上课，一样的阳光开朗，和往常并无二样。但我告诉自己，也许只是他遇到了什么困难才没能及时还钱，但他不可能是个不守承诺的人。

又过了一周，星期一体育课的时候，叶嘉树和我分到了一组练习排球。休息的时候他开口问我：“那天在QQ上，你借了我三百块是吗？”

我木讷地点点头，然后摆摆手，“如果你现在困难的话不着急还的，我……我还有钱花。”

叶嘉树从裤袋里掏出三百块，递给我，“谢谢你啊，张珺珺。”我紧张得脸红，低着头匆匆跑开。

那天晚上，我是笑着睡着的。“谢谢你啊，张珺珺”这句话在我脑里不断回旋，我甚至觉得我的名字从他嘴里说出来，最有韵味。

我以为这件事到此就结束了。可是两个星期过后，我的同桌顾小桃跟我说了一个秘密，她说：“珺珺，你前段时间有在QQ上收到班长的一条信息吗，他说自己有困难，急需用钱，要借三百块钱，你说就这样的事，有点儿智商的人都知道是假的啊，偏偏就有人被骗了。”

我愕然。

“先不说像班长这样的家境根本不缺三百块钱，就说那个银行账户吧，都不是他的。其实啊，这就是明显的盗号嘛。全班五十四个人里，只有一个人傻傻地汇了钱过去。”

我的脑袋似乎马上就要炸了，但还是假装不知情地问：“是谁啊？这么傻？”

“李东成啊，他和叶嘉树是很好的哥们儿，一听说叶嘉树要用钱，立马就打过去了，没想到是骗局，真是傻子啊……”顾小桃哈哈大笑。

我在心里暗暗补了一句：“其实还有一个傻子在你旁边坐着呢。”

一天放学后，我留下来值日，而叶嘉树作为班长，需要等值日生打扫完教室后检查一遍才可以离开，我获得了与他单独相处的机会。

“那个……”我迟疑地开口，“你QQ是被盗号了是吗？跟我借钱那个根本不是你对吗？”

叶嘉树挠挠头，“啊，你都知道啦。”

“那我把钱还你。”

“别。”叶嘉树一摆手，很认真地说，“张珺珺，虽然这是个骗局，但是你那么爽快地把钱汇过去，说明你是个重视同学情谊的人，也说明你把我当朋友，我真的很感谢你。”

“是我太笨了。”我心里其实十分内疚。他却笑着拍拍我的肩膀，“没事，你不用责怪自己。不过啊，以后遇到这种事情还是要多长个心眼儿，毕竟现在的骗子实在太多了。”

我点头，然后低头装作认真打扫教室。只是那一天，我没出息地一直一直沉浸在他轻轻拍我肩膀的那个瞬间。

2

当你留意一个人的时候，你会很惊讶地发现，原来你们的生活也会有那么多的交集，那么多的“巧合”。比如，有一天我如往常一样在公交站等902路车的时候，发现叶嘉树竟在我身后的队伍里。我假装不经意地回头，小声地道一声：“嗨。”

他也热情地和我扬了扬手。

跟他在一起的，是他的好哥们儿，我们的同班同学李东成。他说：“语文全年级第一、数学全年级第一、英语全年级第一竟然坐同一辆车回家，这世界真是太疯狂了。”

三人不约而同地大笑起来。刚结束不久的期中考试，我语文拿了全年级第一，叶嘉树的数学也拿了全年级第一。而李东成，他的英语一直都是整个年级里最好的。考试成绩出来后，班里三个第一，班主任连续几天都脸带春风。

那一天回家的路程，显得格外漫长，大约是因为我每一分每一秒都十分珍惜。我坐在叶嘉树的旁边，和他聊了一路。我一向沉默寡言，可是那一天我却格外勇敢。

我知道了叶嘉树的名字出自古诗词“后皇嘉树，橘徕服兮”。

他是巨蟹座，最喜欢的运动是篮球和滑冰。

他中考成绩比我多一分。

他家离我家只差一个公交站。

他喜欢数学，并不喜欢英语和政治。

……

“快要会考了，你复习得怎么样？”叶嘉树问我。作为同班同学，他早就知道我的理科成绩到底有多差了。

“没把握，考40分都没把握。”我懊恼地答。

“不会吧，很简单的啊。不然我教你好了。”叶同学好心地许下承诺。我的嘴角不由自主地上扬，我感觉到我的那颗心，正疯狂地跳起舞来。

“好啊。那你辅导我的时候可要耐心一点儿，因为我真的太笨了。”下车那一刻，我兴奋地回答。

从车站回家的那一条路，我早已走过无数遍，可是我清晰记得，那一天我的确像是走红地毯。我发现，路边的树是那么高大整齐，房子是那么错落有致，连被丢在地上的垃圾，都美妙得像是艺术品。

我紧紧握住书包，飞快地往家里跑去，我的心里一直有个声音在喊：勇敢的少年啊，你快去创造奇迹！

叶嘉树也果然没有辜负我的期待，每天晚上的自修课结束后，他都会待在课室里再学习一个小时。在那一个小时的时间里，我遇到的所有理科上的难题都可以问他，他总是十分耐心地给我讲解。

那六十分钟，成了我一天中最快乐的时光。

跟叶嘉树接触以后，我才知道，原来有些人天生就具有无法阻挡的魅力。他有不错的外形，温和的性格，举止大方得体，理所当然的，是人群中的焦点。他拥有极好的人缘，几乎所有人提起他的时候，都会发自内心地夸赞他。

我们慢慢地熟悉了起来，而我也发现了，就算完美如叶嘉树，也会有一些小小的缺点。比如，他的胆子并不大，他不敢一个人乘坐电梯，去往黑暗的地方他会有些许慌张。所以每次学校关灯之后，他总是会等我，然后两人一起离开，因为他不太敢一个人去走那几层黑暗的楼梯。

而我在知晓他这些小缺点之后，终于变得不那么自卑紧张。为了不辜负他的付出，每晚回到家之后，我都会在台灯下再复习一个小时功课。累了的时候，我就在本子上不停地写那句“后皇嘉树，橘徕服兮”。

他的名字，对我而言，是攻心的咒语。

3

因为有叶嘉树的帮助，我异常顺利地通过了高二的会考，并且取得了相当不错的成绩。然后，兵荒马乱的高三如期而至。

我和叶嘉树并没有被分到同一个班级，而我们为了高考，也都选择了住宿，再也没有每天一起坐车回家的机会。他仍是对我不错，即便在惜时如金的高三，只要我捧着难题去找他，他也定会放下手中的事，耐心给我讲解，给我演绎一道题的几种解法，直到我完全明白为止。

每天做早操的时候，我会远远地冲他挥挥手，然后说“加油”。

每次考试后拿到全年级的排名表，我会首先寻找叶嘉树的名字，偷偷记下他每一科的成绩：语文102分，数学137分，英语111分……把它贴在墙壁上，每天看一遍。然后发奋努力，发誓要在下次考试中追上他。

而我也知道他也常常关心着我，他也会去记录我的成绩，帮我分析我的弱项，把自己的数学笔记大方地借我参考。

他也会在疲惫的时候给我发来短信，我们相互鼓励彼此，像多年老友。

带着对大学的憧憬，带着对未来的渴望，带着和叶嘉树并肩作战的勇气，我在高考这条路上不断前进。

高考结束后，学校给我们举办了最后的联欢晚会。但是那天，我没有见到叶嘉树的身影。他的同班同学和我说，叶嘉树高考考砸了。

我想给他打电话，但他已经关机。我想给他发短信，编辑了好久却没能说出完整的一句话。那个夏天，我过得异常煎熬与不快乐。

八月中旬的时候，我收到了大学的通知书。同时，我得知，叶嘉树正打算复读，参加下一年的高考。

关于他高考失利的事，我后来才知道原委。原来，考语文的那天早上，他早早地从家里出发，想到我家找我一起坐车去考场。因为那么巧，我们被分在同一个考场。可是这个糊涂的叶嘉树，偏偏把准考证落在了公交车上。等他费尽心力找回准考证的时候，他已经错过了语文考试。

所有人都说，好可惜啊，成绩那么优秀的学生，又得苦读一年。

我问他为什么不告诉我事情的真相？他在电话里笑着说：“这不

是什么大事，就当再锻炼一年呗，反正我年纪小，再读一年也不会老。珺珺，你大学加油哦，要越来越开朗，这样才会有更多的人喜欢你。”

我下一句话马上就要脱口而出：“那么你呢？你喜欢过我吗？”

可还没等我说出口，他已经挂了电话。

然后，我开始了我的大学。叶嘉树开始了他的复读。我们之间的联系慢慢淡了，我的邮件发过去，他连打开的时间都没有。

再后来，听说他去了香港念大学。大三那年暑假回家，我看到他牵着一个女孩儿的手走过一条长长的街，他依旧高高瘦瘦，依旧耀眼，可也看出来，他更加沉稳。我想上前打个招呼，但终究还是忍住了。我怕一不小心，我那好不容易才断了的情丝，又悄悄生长。

我又想起高三那年。我曾在橘黄色的台灯下给叶嘉树写过这样一封情书：

我渴望有一天，和你走在喧嚣繁华的街，和你共寻世间最烈的酒。

我渴望有一天，你的怀抱能接住我孤单的心事，而我掌心的温度能到达你的心房。

我渴望有一天，我能成为填补你生命之圆的那一角，我能做一阵鼓动你继续飞翔的温柔的风。

我渴望有一天，能在向晚的黄昏里，熬一锅莲子百合汤，与你相对，与你共老。

一场暗恋，隔山又隔海。而我也只能拿着钥匙，继续敲着你厚厚的心墙。

暗恋是一场盛大的台风

陈呵呵

在遇上医生以前的十七年中，我从不相信所谓的一见钟情。

黑色卷毛，戴黑框眼镜，瘦瘦高高，一身白大褂穿得很是潇洒温柔。

在牙科诊室门口叫住他时，那是一个骤雨停歇后的艳阳天，天蓝得不可思议，仿佛要滴下蓝色的水滴一般，蘸过雨水的云朵膨胀成大大的一团占据了一隅天空，就像守卫我的小战士。

这颗蛀牙，折磨我已有一年之久，我怕疼，所以迟迟不敢来医院。我讨厌医院，也讨厌这颗牙，可现在，因为医生，我突然觉得这颗小黑牙真可爱，如果没有它，如何才能遇见他?

检查完的结果是，牙龈发炎，不能直接拔掉蛀牙，需要先吃一些消炎药等待后续观察。

“要等牙不疼了才可以拔吗?”

“不是，情况稍微好一些就可以了。”医生没有摘下口罩，可浓浓笑意却通过那双好看的眼一丝不漏地传递过来，“记得不要吃辛辣生冷的东西。”

明明是那么平常的医患间的叮嘱，可听在我耳中就是那么与众不同，就好像这是只属于我的小关切。

“那怎样才是情况稍微好一些呢?”

“嗯……你到时候可以来找我，我帮你看看。”

这句话导致的后果就是，在接下来的几天，我每天都跑去找医生看牙齿。

本地人，大学刚毕业，单身。

这是我对他全部的了解。

我第六次去见医生时，台风“樱花”正在C城肆虐，因为是登陆点，整个C城几乎被风雨淹没。街道上连公交都停止了运营，我却坚持去医院例行检查。

医生见到我时，我正站在大厅的仪容镜前把一头湿答答的长发扎成马尾，整个人冻得瑟瑟发抖，小脸皱成了一团。却在见到他的刹那，仿佛遇见最美好的年华。

医生有些无奈，但还是帮我检查了蛀牙。情况已经大好，我却一边喝着医生泡的驱寒冲剂一边耍起了小无赖。

“牙齿已经不疼了，可以不拔吗？”

“乖，听话，不拔的话，很容易复发。”大概是最近都在给附近幼儿园的小朋友做检查，医生还没缓过神来，不知不觉就把我当小朋友哄了。但这温柔我却很是受用，托着下巴望低头写字的他，“好吧，但我只要你帮我拔，如果是其他人动手我宁愿复发。”

医生终于抬起头，有些哭笑不得，“这位快年满十八岁的同学，你从幼儿园毕业已经很多年了。”

回到家后，我思来想去终于意识到情况不妙，我的蛀牙是多长出来的一颗牙，拔掉之后是不需要补牙的，那以后岂不是没借口天天去见医生了？

再次去见医生是个阴天，天气预报说今年第五号台风“瑰丽”以破历史纪录的速度在海上聚集，这次登陆点还可能在C城。我肿着左脸颊去见医生，一边偷偷窃喜自己的小聪明，一边观察医生的表情。然后，我确定自己偷偷去吃麻辣小龙虾的决定真是太明智了。

医生脸色有些难看什么话也没说，只是开了新的消炎药给我。

他是在不开心我不爱惜自己吧，我为自己的小发现而雀跃不已，于是次日一大早就迎着小雨去医院找医生道歉。

“医生在哪里？”

来多了，我早已和这里的护士姐姐们混熟了。

“大概在花园吧，他昨天和新交的女朋友吵架了，你当心点儿别被扫到台风尾。”

在那个我无数次幻想和他一起手牵手走过的花园，他牵了别的女孩儿的手。

我终于明白，他的开心和不开心都和我无关，一切只因我入戏太深。

“瑰丽”和C城擦肩而过在临市登陆那天，距离我的十八岁生日还有整整一个月。那天的C城下了一天一夜的瓢泼大雨，那是那年的最后一场台风。

我迎着大雨去另外一家牙科诊所拔掉了这颗让我又爱又恨的蛀牙。打麻醉时很疼，我没哭，拔完牙透过窗户看到街上被风吹得一片狼藉的广告牌和绿化带，我却蹲在地上号啕大哭，吓得那位也戴黑框眼镜的年轻医生以为他拔错牙了。

我还记得那几天给小朋友看牙时医生说，每颗牙齿都有一个自己的梦。

而我的这颗蛀牙藏着一个关于暗恋的梦，那微微膨胀酸涩的小暗恋，终于伴随那颗被连根拔起的黑色蛀牙，剥离我的身体。

好友说，每场无疾而终的暗恋都像一场盛大的台风，伤害在所难免，但无论如何遍体鳞伤如何神悲心碎，总会迎来雨过天晴的一天。那时你会发现，天更蓝了，云更白了，而那小暗恋，是那么值得珍藏。

因为那是属于你的，独一无二的青春晴雨表。

一个人的兵荒马乱

布　鱼

我觉得你很特别

白薇薇是个太内向的女生，她从来都不敢主动跟谁说话，比如要借过的时候，她只会用手指头戳戳那个人的肩膀；比如她从来不会参与班里任何一个八卦；比如现在和她同桌的陶滔，废话实在太多，她也不说他，只是默默听着。但偏偏，同桌陶滔是个不讲话就会难过得要死的人，所以，白薇薇便是班主任用来制服陶滔爱讲话毛病的一大法宝。

有一天，陶滔终于被逼得自言自语起来了。

陶滔这样影响周围同学的结果是，班主任给了白薇薇一个笔记本，只要陶滔再上课讲一次废话，就记他名字一次，然后他就要一个人打扫教室一次。

这办法不错，可一个星期后，虽然班主任依旧从各科老师那里得到了陶滔上课不老实的抱怨，但笔记本上却一个陶滔的名字都没有。

“为什么要帮我？”陶滔在放学后的校门口堵住白薇薇问。

白薇薇只是淡淡地说：“不为什么。”

许多男生大概都不太清楚他是因为什么才会注意到某个女生的，比如漂亮、乖巧、成绩好等等，但都可以总结为一句话：我觉得你很特别。那天，陶滔也对白薇薇说了这句话。

只是性格不同，表达方式不同而已

连续两天班里都被一张画的事情吵得沸沸扬扬的，因为这不是一张普通的画，这是校草乔煜的帅气写真画像，不过被新闻部的人挖了出来，制作成了代表“学生风采”的画像，贴在了学校公告栏上。

首先是昨天，校草乔煜的画像被人活生生涂鸦成了一只王八，这引起了全校女生的不满，也不知道是哪个嫉妒心强到丧心病狂的家伙，要是被揪出来了，一定成过街老鼠，会遭到全校女生的唾骂。

可今天，那张画像又默默被擦洗干净了，这又引起了全校男生的不满，乔煜那小子本来就长得不怎么样，就会耍耍帅而已，这大概是众多男生们的心声。

班上所有人都在议论纷纷，只有角落里的白薇薇，她不闻不问，直到后来有谁喊了一嗓子：“啊，我知道了……”她的心一下子提到了嗓子眼儿。

“我们可以调监控呀，我记得有个角落里好像是有个监控对着公告栏的吧，或者画像是别人涂鸦的，偷偷擦洗干净的是他自己吧。”大家都盯着自诩知道的男生看，认为他说的有道理，只有白薇薇头更低，手心莫名冒汗了。

“喂，你们无不无聊啊，人家乔煜都没你们这么关心。还调监控！你当学校很闲呐，这点儿小事都要折腾，我们新闻部自己不会处理吗？”说话的正是新闻部部长陶滔，也是白薇薇那个最爱讲话的同桌。

白薇薇看了一眼陶滔，感觉对他似乎没那么反感了，但很快，目光就被另一个更耀眼的人吸引住了。

隔壁班校草级人物乔煜正路过他们班门口，男生统一一脸不屑，女生则大多心花荡漾，白薇薇心里也有一点儿小小的波动，但她是那种胆小到跟男生说几句话都会脸红的女生，所以她看乔煜的时候总是偷偷看一眼便立马转向，生怕被发现似的，但本质上，这和女汉子们喜欢上一个男生就会酷炫狂拽的追求是一样的，只是性格不同，表达方式不同而已。

白薇薇的表达方式便是默默帮乔煜擦掉了他画像上的涂鸦。

其实你笑起来的样子还蛮好看的

乔煜大概永远都不会知道，有那样一个不爱讲话的女生，曾经那样偷偷看过他，不是妄想“灰姑娘”一般的美好爱情，而是在那样一个情窦初开的年纪，正好遇见了他的阳光帅气，于是默默记住了。

其实，白薇薇也不知道自己从什么时候开始喜欢偷偷看乔煜的，只是乔煜打篮球的时候，白薇薇虽然站在她们班啦啦队队伍中，眼光却没有离开过乔煜，她当时只想到了四个字——一眼万年。直到，隔壁场地的一个排球，忽然间乱入，不偏不倚，正好砸中了白薇薇的头。

她才反应过来，是陶滔，他正以刘翔跨栏的速度飞奔过来，连忙说：“你没事吧！”

陶滔又伸出手要去拉她起来，她却摇了摇头，自己爬了起来，说：“我没事。”拨开一众看热闹的人，想要走掉。

却听见背后的陶滔在大声呐喊：“喂，白薇薇。你以后想看我打球，不要偷看啦，直接来啊，别害羞！”于是，一阵热闹的起哄声中，白薇薇红着脸跑开了，陶滔却笑开了花。

白薇薇大概第一次这样被众人待见，也第一次遇见陶滔这样自恋的男生。她气急败坏，却懒得说些什么，只是在上课的时候，把一摞书“啪”的一声，放到了两个人中间，算是三八线吧，并且只要陶滔过线，白薇薇会直接拿起书一顿好打。

“我早就说了，你是个特别的女生，别看你平时一声不吭的，打起人来可比隔壁家那翠花厉害多了！这酸爽！”陶滔是学着赵本山的腔调说的，听得白薇薇也忍不住笑了。

陶滔却突然压低了声音说："哎，告诉你一个秘密，你不许告诉别人啊！"

"什么？"

"耳朵凑过来。"

"嗯！"

"其实你笑起来的样子还蛮好看的，嘘，不要告诉别人哦！"

可想而知，又是一顿好打。

秘密被暴露

因为有陶滔的撩拨，终于在高三的时候，白薇薇也渐渐和班上的同学都开始热络起来了。比如，走路被人挡住的时候，她会直接说借过；比如周围有人八卦的时候，她也会掺和几句；比如陶滔废话实在太多的时候，她会狠狠地揍他一顿，惹得班上同学大笑，她也不再脸红了。

对此，班上同学只是感觉无限庆幸，终于有人可以收拾陶滔那个家伙了。

只是，每当有隔壁班乔煜的话题时，白薇薇从来也不参加，有一次，有几个女生在旁边争论到底是乔煜帅还是陶滔帅的时候，她们硬是拉过白薇薇，让她来做评论，她结巴着正说出了半个"乔"字的时候，陶滔却自己凑上来说："你敢说我不帅？"

白薇薇于是不说话，假装往窗户外面看，却看见走廊上，有一个男生正在推搡着隔壁班的乔煜，乔煜踉跄后退，又来了一个男生上前又使劲儿一推。走廊里瞬间热闹起来，有人起哄，更多的是看热闹的，只有白薇薇，她想也没想就冲上前去，死死挡在乔煜面前。

众人惊呆了，一向老实巴交的白薇薇竟然为了一个男生，可以这么勇敢，难怪她平时从来都不谈论乔煜了……

她隐藏了那么久的秘密，竟然在这一次，一下子暴露无遗。可乔煜只是推开她，礼貌地说了声“谢谢”，然后又站了起来。

后来的故事便落入了俗套，什么男生喜欢某个女神，女神却喜欢着乔煜，那男生不爽就找了人一起来揍乔煜，总之也不过是男生之间拳头的较量，只不过最后令人意外的是，制服那两个男生的竟然是陶滔，总之跟白薇薇半毛钱关系都没有的，却因为白薇薇的挺身而出，话题就这么来了。

她只是一个看客而已

但很快，关于白薇薇的话题，便被另外一个话题代替了，那就是女神和乔煜终于历经辛苦走到了一起。

和女神相比，白薇薇就直接被比成了女神经病，女神口齿伶俐，是广播站站长，而白薇薇现在能这样自如地和班上同学交流就真的该好好感谢人家陶滔了；女神有气质，浑身散发着光芒，而白薇薇却永远只是埋头在角落里……

她站在深不见底的夜色里，看着路灯下的乔煜和女神，那些被埋藏在心底想要跟乔煜说的话，那天在挺身而出之后，她其实是想要跟他说的，哪怕最后没有回应也没有关系。

马上就要毕业了，再不说可能没什么机会了，说吧，说吧，把那些曾经一遍遍想过的告白，痛快说出来，却在没来得及开口前，就默默放弃了。

他们真的很般配，她只是默默地站着，看着路灯下般配的两个人，他们多像电影里的王子配公主，而她不是配角不是跑龙套的，甚至连扮演恶毒女巫的机会都没有，她只是一个看客而已。

是的，对白薇薇来说，她难得勇敢一次，可对于乔煜来说似乎什么都没有发生过，一切都只是她自己的心潮暗涌，最后落荒而逃的也是她一个人而已。

还是做朋友比较好吧，毕竟知根知底

后来一直到高考结束，都是陶滔陪着白薇薇，疯闹、大笑、吃香的喝辣的，总之，白薇薇想做的事情陶滔都会奉陪到底。

而白薇薇呢，她大概永远也不会知道，有那样一个总是滔滔不绝讲话的男生，他总想引起她的注意，可她似乎从没注意过他。他其实早就知道了，她偷偷为隔壁班帅帅的乔煜默默擦掉涂鸦的事，他不需要看监控，因为，那天他就跟在她身后，怕她太晚太危险。他也是真的觉得她很特别；他大声在体育馆呐喊，让她下次来看他打球……

可是，从那次以后，她似乎从没看过他打球。

后来上大学，白薇薇去了南方，陶滔也去了南方，他的成绩没有她好，他们不在一个学校，但也还算离得近。乔煜和他的女神去了哪里，白薇薇没有打听过。

在大学里，白薇薇虽然不是女神级别的人物，但打扮打扮，还挺好看的，尤其笑起来，还是有很多男生被迷得神魂颠倒的，看来陶滔还真是说对了，她笑起来还挺好看的。

很快，她便开始了一段轰轰烈烈的恋爱，据说那个男生在宿舍楼下，弹了整整一个月的吉他，最后来了一场浪漫的告白，在众人的祝福中，她才答应了他。

陶滔问白薇薇："那个男生哪里好了？"

白薇薇只是小孩子气地说了一句："乔煜当时也是这样跟女神告白的。"

不过，很快，白薇薇和她的男朋友就分手了，紧接着又开始了一段稍微平静一点儿的恋爱，这次，陶滔依旧问白薇薇："那个男生哪里好了？"

白薇薇说："没什么好的，只是侧脸很像乔煜。"

再后来，白薇薇又分手了，又恋爱了。

这次，陶滔还是问："那个男生哪里好了？"

白薇薇笑了笑说："不知道，只是觉得，看见他就会很开心，就像当时那样傻傻偷看乔煜时候的感觉，是谁说的，让你难过的事情总有一天你会笑着讲出来，这话说的真不假。你看我现在就笑着将乔煜讲出来了……"

她笑盈盈地说着这些话的时候，陶滔忽然想起了四个字，一眼万年，这四个字是白薇薇跟他讲的，倒没有什么特别的含义，只是因为是她说的，他就记住了。

然后，陶滔终于放弃了他的等待，陪她疯疯傻傻了这么久，她看他的眼神里从来都是平淡的，没有波澜的，反而是对那个刚认识不久的男生，她的眼里有期许，有紧张，有躲闪，一如当初偷偷看乔煜那般。

也对，爱情不是KFC里排队点单，没有先来后到一说，有的只是一厢情愿或者两相情愿。很明显，他们都是一厢情愿之人，都太固执，也算是一路人吧，还是做朋友比较好吧，毕竟知根知底。

也许，最深的暗恋从来都是一个人的兵荒马乱，比如白薇薇于乔煜，陶滔于白薇薇。

韩小歌的初三日记

黄天煜

2014年10月20日

赵小闷又在和别的女生说话了！

他又在逗别的女生开心了！

他又在和别的女生打闹了！

我心里这个冒火啊，眼睛里也几乎要喷出嫉妒的火焰来。

上课铃声响起，赵小闷告别了那些女生回到我旁边的座位上。我赶紧低下头装作写字的样子。

赵小闷冲我伸出了一只手，我知道，他是在向我要纸巾。

我在心里说，你怎么不管那些女生要去啊！

我不用抬头也知道他现在满头大汗。我低着头说："自己拿。"

他从我桌上的纸巾盒里抽出几张纸巾很自然地擦起汗来，估计刚才课间又去篮球场上"浪"了。

老班走进教室上课，为了四大名著的那五分考点满口都是宝玉和黛玉，而我的心里呢，全是赵小闷和我。

赵小闷是我初三的同桌，从2014年九月份就开始了，老班说这次的同桌可能陪伴我们到毕业。

在赵小闷跟我做同桌前，我们一点儿都不熟，可是正是这种不熟让我对他的印象好像一张白纸，于是在很短的时间里就喜欢他了。

我不记得我是从什么时候起喜欢上赵小闷的，反正现在我心里总是想到赵小闷及和他有关的一切。

2014年12月9日

赵小闷同学送给我一个笔记本作为生日礼物。这可不是一般的笔记本，本子的封面上赫然印着四个大字：爱的憧憬。

送我这样的本子，难道赵小闷也喜欢我？

我的一颗心扑通扑通地狂跳啊。赵小闷啊赵小闷，你搅乱了我好好期末复习的决心啊。看赵小闷平时也不像喜欢我的样子，赵小闷同学的心真是不好琢磨。

2014年12月24日

赵小闷又在课堂上睡觉了，临睡前他拽拽我的袖子，和平常一样让我帮他看着点儿爱在后门偷看的属壁虎的老班。我突然想到了网上一篇叫作《一定和同桌说过的23句话》的文章，第一句就是“老师来了叫我一声”。

而且往后的每一句话我和赵小闷好像都说过——“饿死了……你有吃的没？”“水让我喝口……哎，我不对着嘴喝。”

这些话赵小闷都对我说过，而一定没对那些女生说过。我越想越好笑，表情一下不受控制了。

老卢在讲题回头间刚好把我那“嫣然一笑”尽收眼底。

“韩小歌，你上课笑什么笑，马上期末了知道不知道，上门口站着去！”

我心里怒吼：你怎么不让赵小闷去站着呢，赵小闷不就是数学好吗？许他睡觉就不让我笑笑了？哼！

其实我当然不想老卢叫醒他，我临走的时候也没叫醒赵小闷，我才舍不得打扰他呢！老班一时半会儿也不会来的，先让他睡着吧。

在门口站得我昏昏欲睡，这时候老班突然给我打了一针兴奋剂，他推门而入说道："卢老师，我在后门看到赵小闷又在睡觉……赵小闷，你给我出来罚站。"

老班推门的时候用力特别猛，我一下子就跑到门后面去了，还好老班没看见我，不然我得比赵小闷还惨，我又没有赵小闷那样年级第一的数学成绩给我撑腰。

赵小闷从梦境中醒来，睡眼惺忪地往前走，突然看到了我，我也看着他，我和赵小闷特别有默契地在老卢转过身画抛物线的时候相视一笑。

2014年12月25日

圣诞节一定是飘满雪花的日子，街头美得像个童话。赵小闷给我写了张贺卡，贺卡上印的是去年迪士尼新出的《冰雪奇缘》里的艾莎。他用蛮有风骨的字体写：韩小歌，祝你圣诞快乐，学业有成！

这些话都是朋友间再简单不过的祝福了，可是我还是把这张贺卡悄悄夹进了我的《纳兰词》的最后一页，小心翼翼地像得到第一份情书一样。

2015年1月7日

万恶的期末考总算结束了，可是我也不能看见赵小闷了。我在本子上一遍遍地写上赵小闷的名字，无奈假期还是那么长。

还有五个半月就中考了，中考后我要去美国了。是的，我是美籍华人，生在美国而长在中国。按我父母的计划，我的高中教育要在那里进行。在这最后的五个半月里，寒假还要占四十五天，这真的是我有生以来头一次讨厌寒假。

2015年3月13日

开学已经两周了。

这学期一开始，赵小闷看见我还有点儿生疏了似的，过了两周就好了。

我在假期看了一本桐华的《那片星空那片海》，我在本子上写下“吴居蓝”，然后画一个心，再写“韩小歌”，赵小闷一下看见了，他又拽了拽我的衣角说：“韩小歌，这是什么意思？”

我看向他，他一脸的不爽，我拿出《那片星空那片海》给他看，“喏，你自己看吧。”

看完了前几章以后赵小闷才恢复如常，说了句：“幼稚！”

也不知道是谁幼稚！

2015年4月27日

赵小闷报了推荐生考试，报的学校是全省最好的高中，然而他并没有考上。

他破天荒地一个下午没和我说一个字，连我的水都没喝，我甚至说不出一个字来安慰他。

当一个人难过到极点的时候，外界的一切都已经改变不了他了，只能靠他自己治愈自己。

我相信他可以做到。

2015年5月12日

赵小闷很快从推荐生考试失利的失落中走出来，他果然没那么脆弱，他不愧是我眼里的那个不一样的男孩子。

赵小闷开始特别认真地学习文科了。我和赵小闷在学习上其实相当互补，我文科学霸数学学渣，他数学榜首文科稀烂。

我知道他作文不好，但我有厚厚一打从初一一直留到初三的范文，少说也得有二百篇。那可是我的秘密武器，我一般不拿出来的，毕竟同学之间存在竞争关系。

我把这些范文放在赵小闷的面前，看着赵小闷眼珠子要掉下来的样子，我觉得这些作文的价值已经最大化了。

2015年5月21日

这几天赵小闷都在和我的“范文书”做斗争，其实我有点儿后悔这么晚把它拿出来。

我走进校门的时候突然看见了赵小闷，赵小闷也看见了我，我们打了个招呼，就一起往班级里走。

雨后的清晨里饱含着湿润的水汽，又混合着泥土和青草嫩芽的芬芳。剩下的时间只有一个月了，这一个月里的事情越是美好，越是让我觉得难舍。晨曦悄悄撒向我们，赵小闷有些黝黑的脸庞都显得无比干净。我偷看到了他上扬的嘴角，我也和他保持着一样的微笑，进了教学楼。

其实以上的描写都只是我为了体现我的开心才这么写的。我的内心是：天呀！他怎么和我碰一起了！我们一起走进教室？会不会有很多人看我们？阳光照下来他的脸好帅好帅好帅啊！韩小歌你倒是说点儿什么啊，说点儿什么啊！

一路无言。好像我们谁都不愿意打破这静谧的时光，这样也好啊，没有多余的言语，仿佛我们的心在交流。

他也是喜欢我的吧，我想。

2015年5月28日

早自习越来越没有往日平静，大战在即，空气里仿佛都充斥着焦躁不安的情绪，早读的时候读的全是中考篇目，没有一丝可以休息的时间缝隙。

卷子漫天飞舞，我的卷子又乱了。我从书桌堂里拽出一沓被压得皱皱的卷子，呀，这不是我上周怎么也找不到的外语卷子么？

赵小闷突然把他黑色的爪子伸了过来，轻轻抚平了每张卷子，然后从中间折叠一下，就连卷子的页脚都轻轻地压平整，然后从自己的书包里拿出一个凤尾夹，夹住了所有和这沓卷子一样规格的外语卷子，最后在我的书包里准确地找到了这些卷子的位置并放了进去。

“你把一样大小或是标题相似的卷子用一个夹子夹在一起就不会丢了。”赵小闷解释着，“我一直都这么夹。”

赵小闷笑着对我说：“邋遢大王就是韩小歌。”

我什么都没有说。赵小闷啊，如果我能和你一直做同桌，你一直数落我又有什么关系呢？

2015年6月9日

“这是谁的纸，都快初三毕业了还和小学生一样四处乱扔垃圾！怎么就不能把班级当成自己家一样爱护呢？”老班以她独特的尖锐的嗓音吼道，“韩小歌，我说谁呢？”

你还能说谁！说我呢呗！不就是一张纸吗？干吗那么凶！我在心里说。

我刚打算在众目睽睽之下捡起那张纸，一旁的吃瓜群众赵小闷突然冲了出来，对老班说：“对不起啊老师，我的纸掉了。”

老班走远了，嘴里还叨咕着考前要给同学们一个好的环境之类的话……

我好感动。对赵小闷说："谢谢啊。"

谁知道赵小闷说了一句，"没事儿，你的纸就是我的纸，谁让我总抽你的纸呢！"

原来每天让他用我的纸巾还有这个好处！

2015年6月15日

黑板上的用红色粉笔写着的中考倒计时已经变成个位数了，突然回想起刚上初三时，距中考三百日誓师的年级集会上，大屏幕上鲜红的字体，坚定深刻，预示着未来一年的艰辛和残酷。

我们马上就要走过这一年了。我们，要散了。

越是接近尾声，越是归于平静。

主要是因为我的心静了下来吧，我觉得我不再像前一段时间一样充满焦灼的情绪，而是静下来开始读书上的每一个字，哪怕那些内容早已烂熟于心。

课间我在座位上写着作业。现在下课以后大家都不怎么动地方了，好像全被钉在了椅子上一般。

我垂下酸痛的手臂，袖子上的扣子突然极其巧合地钻进了赵小闷袖子上的扣眼儿。

平时自己把扣子系到扣眼儿里都费劲儿，而空间和力量就是如此巧合，不偏不斜。

我一开始还没发现，稍稍抬起手的时候才发现袖子上的玄机，而我这么一动，赵小闷也发现了。

我尴尬极了，赶紧要把扣子解开。而赵小闷却用低沉声音说道："别动。"

我赶紧不动了，他再也没说什么，我的小臂就和他的小臂近乎贴在一起。

十分钟就这么过去了。一开始是有些不好意思的，不过后来还是挺开心的，我无数次想，赵小闷也是喜欢我的吧？是吧？

上课的铃声响起，老卢走进班级，让我突然想起，当初赵小闷和我在班级前边罚站，我在门后，他在门前，我真的快憋不住笑了。

让我没想到的是，老卢这一节课里，我们的扣子一直都没解开。笔记一个字都没有记，这还是头一次。还好我是左撇子，再加上老卢不爱在班级溜达，不然一定会被发现。

赵小闷啊，我们是同桌，我坐在你的右手边，你坐在我的左手边，我们就用一只手写字，另一只就用来握手，要紧紧地握在一起。

2015年6月25日

今天是在校的最后一天，也是我最不想面对的一天，即日，即分别。从此天各一方，或许此生不再见。

同学们都拿着自己的校服找朋友要签名去了，赵小闷由于朋友圈子小得我都放心，就在座位上安心地看书。我把校服递给他，他在我校服上写下的是：你最好的同桌——赵小闷。

是啊，你是我心里最好的无可替代的同桌。

2016年7月8日

中考过后，我和赵小闷一直保持不疏也不近的联系。偶尔几天我没有在QQ上更新状态，他会突然打过来一句：这几天过得怎么样？

我想，赵小闷还是关心我的吧？是吧？

再后来，我一心准备去国外读高中，进了集训班，一个月回家一次，那本日记没有被我带在身上，它一直静静待在我的抽屉里，连同初三那一年我和赵小闷传过的所有纸条儿，对了，还有一支赵小闷用过的中性笔。

不是有那样的说法吗？最美好的记忆要锁得最深。

我想，我的抽屉密不透风，应该足够深。

我终于顺利拿到了录取通知书，在爸妈通红的眼眶与不舍中，转身，去了一个新的国度。

我拿着初三这一年写得满满的旧日记本，沉沉地睡在太平洋的上空。

我不确定我是否应该主动一次，问问赵小闷是不是也喜欢我。

可是赵小闷啊，赵小闷，我多想回到老卢的课堂，我坐在你的右手边，你坐在我的左手边，我们就用一只手写字，另一只就用来握手，一直一直紧紧地握在一起。

暗恋不过一场热伤风

那一场如飓风一样对欧小川的暗恋和接近，更像是热伤风，来得那么快，去得却是那么慢，以至于以后我一看到《三国演义》都会想起他，看到“岳麓”也会想起他，跟别人说我不吃青椒更会想起他，火锅聚餐时我从来都不去也是怕我会想起他……

但是那种为了自己喜欢的人而去做不喜欢的事情，那种纠结和挣扎，我不再想去体会。因为我相信时间的力量，相信真正的爱情，它一定会让我遇到让我们两情相悦、互相倾慕的真正的那个人。

如果陈等等同学勇敢一点儿

陈小艾

不太漂亮的开局

陈娅是从什么时候开始被人叫作陈等等的，自己也说不清楚。只记得好像一夕之间，身边人都开始给她叫这个名字。后来室友唐美意告诉她，她的新浪微博小号被一些八卦的同学翻了出来，大家把那六百多条微博看完之后非常确定，让陈娅用情至深的这个人，就是数学系的罗煜哲。

于是，陈娅就有了陈等等这样一个名字。罗煜哲是学校里公认的翩翩公子，智商高得吓人，更难能可贵的是，相貌身材也非常棒，属于走到人群里都会发光的那种人，加上风趣幽默，爱好广泛，身边狐朋狗友一堆，当然爱慕他的女生也可以排很长一队。

从一进大学校门开始，罗煜哲身边的女生就没断过，而且一个比一个漂亮，时间久了，大家都习以为常，因为那么出众的罗煜哲身边，只有站了那些令人觉得惊艳的莺莺燕燕才登对。

罗煜哲认识陈娅纯属偶然。大一时在新生老乡会的QQ群里，作为群主的罗煜哲是当之无愧的活跃分子。那时课少，没事的时候大家就会在群里东扯西聊，陈娅作为标准的“潜水党”，总是细心地留意着大家在群里交谈的话题，自己却很少发言。直到那天，陈娅不小心把发给高中闺密的消息发到了老乡群里，陈娅的存在才引起了众人的注意。

那天群里正在吐槽某门公共课的老师，陈娅在查看群消息时不小心将罗煜哲的照片发到了群里，还有一句“我说的那个男生就是他”。群里原本的聊天节奏被打乱，安静了几秒钟之后，群里炸开了锅。

“罗煜哲，是你的照片呀。”

“罗煜哲，你又俘获小姑娘芳心了。”

“哎呀，看到了不该看的，捂眼！”

……

群里反响很强烈，一时间原本默默无闻的陈娅成了焦点，那天她的空间访问量激增，因为实在不知该如何解释自己的这个手误，只能默默退出了QQ。

从那之后，罗煜哲就知道陈娅的存在了，在校园里偶然见到还会主动上前跟她打个招呼。终于，在罗煜哲第八次主动上前打招呼的时候，陈娅犹豫了一下，上前拉住了他。

“那次发错照片的事，你不要多想啊，我就是不小心发错了。”她解释得吞吞吐吐。

罗煜哲听完一笑，“我没有多想啊，下次再发记得挑张我更帅的照片。”

说完，罗煜哲便背着包走了。陈娅看着他远去的背影，心里懊悔不已。为什么搜肠刮肚想半天还是一个这么蹩脚的解释，真是一个不太漂亮的开局。

身高这种东西有什么好问的

陈娅皮肤白皙，加之骨骼小巧，腰肢纤细，倒也算个耐看的小美女。只是陈娅有一个致命的弱点——身高，人生的前十八年一直生活在山清水秀的南方，一米五八的身高还不算太矮，但大学来到这座四季分明的北方城市，身边多是身材颀长的北方姑娘，陈娅的个头就有点儿不占优势了。

尤其是跟罗煜哲一米八四的身高比起来，更是不够登对，这是她在看到罗煜哲身边围绕的那些腰肢修长的细高个儿的时候便明白的。

大一要选修体育课，不擅长任何体育项目的陈娅纠结半天最后选择了排球，只因为室友告诉她罗煜哲也选修了这门课。

上课时老师按照个头高矮来把大家排成两队，陈娅站在队伍的这头，罗煜哲站在那头。起初罗煜哲没有发现远处的陈娅，但陈娅却一直在用眼睛的余光偷瞄他，直到被老师发现。

“这位同学，我看你一直往那边看，不如你去那边站着吧。”老师的话瞬间让陈娅成为焦点。她在大家的嬉笑声中慢吞吞地走到罗煜哲身边站好，一旁的罗煜哲足足比她高出了一个头还多。

“原来是你啊，你居然也选了排球。”认出陈娅后，罗煜哲压低嗓音跟她打招呼。

“嗯，是我，因为啥也不擅长，就随便选了一门。”

老师在前面讲完动作要领后，让大家随机自由组合进行练习，陈娅就近与罗煜哲分到了一组。

“陈娅，你有多高啊？”在陈娅连续几次传球失误后，罗煜哲从远处抱着球走过来问。

“喂，身高这种东西大家都一米多，有什么好问的啊。”陈娅一句话将大家逗得前仰后合。

下课时，大家都已经被排球弄得浑身脏兮兮了。陈娅开始后悔为什么选择穿一条白裤子来上课，此时白裤子已经脏到几乎看不出原来的样子，而她此刻还要赶去记者团参加第一次见面会。

罗煜哲把身上的棒球服脱下扔给她，“系腰上吧。”

陈娅感激地接过，然后便飞奔着往记者团办公室跑去，宽大的棒球服在她腰间晃荡，罗煜哲微笑地看着她的背影消失不见。

那是陈娅在记者团的第一次亮相，腰间的棒球服和脏兮兮的白裤子给人留下了深刻的印象，她气喘吁吁推开门一屁股坐在一个女生旁边。

“你好，我是工商管理系的陈娅，不好意思，刚下完排球课，浑身有点儿脏。”陈娅偏头看着一旁的长发美女，边简单地做着自我介绍。

“你好，我是外语系的苏沁。”

第一次见面会主要是为了相互认识，自由交流环节屋子里讨论得热火朝天，陈娅和苏沁两个人安安静静坐在一旁看着热闹的人群，相视而笑。

“你为什么要加入记者团？”陈娅问。

“因为喜欢，毕业后想当记者。”苏沁回答得简单干脆。

寻到一个跟自己心底不谋而合的答案让陈娅有些欣喜，对眼前这个漂亮女生的好感又增加了几分。

陈娅与苏沁很快变得熟络起来，每次记者团的例会上两个人总是坐在一起，私下里苏沁也经常跑去陈娅的宿舍里玩，跟她宿舍的每个人都很快玩成一片。

陈娅与苏沁以好搭档的形式活跃在学校里大大小小的活动现场，苏沁是典型的细高个儿美女，加之身上有一种特殊的气质，走到哪里都很夺目，陈娅虽然身材娇小，却也算得上个小美女，两个人走在一起煞是惹眼。

陈娅觉得很幸福，刚进大学不久，便收获到这样一个志同道合的好朋友。

如果不是你，该多好

苏沁一脸羞涩地来告诉陈娅自己喜欢上了一个男生的时候，陈娅正在宿舍里按照新买的食谱书做冰糖雪梨，为此她特意去超市挑了几个大个儿的梨，用水果刀认真地将果核切干净。

陈娅在老乡会的QQ群里得知罗煜哲最近感冒严重，咳嗽了快一周了还没恢复，她便想做冰糖雪梨拿给他润润嗓子。

仅听脚步声陈娅就知道来的是苏沁，“你先找地方随便坐”，陈娅招呼她。

“小娅，我有事要跟你说。”

“嗯！”陈娅捏着梨转过头来瞄了一眼苏沁。

“我好像喜欢上了一个男生，我注意他有一段时间了，以前在篮球场上见过，最近在图书馆里又见到过几次。”苏沁有些羞涩地说。

苏沁身上有一种淡淡的气质，身边一直围绕着很多爱慕者，陈娅还是第一次见苏沁在提起一个男生时这么羞涩，这么没有底气。她凑到苏沁的手机屏幕上去看她嘴里那个让她怦然心动的男生照片。

虽然那张照片只拍了男生低头看书的侧脸，但陈娅还是一眼就认出照片上的人就是罗煜哲。她心里忽然“咯噔”一下，将切了一半的梨放到桌上。

苏沁还没有察觉到她的异样，一脸幸福地说：“那次在篮球场上见过后我就对他有印象了，后来在图书馆又遇上了，他坐在我斜对面，那次我趁他不在，偷偷翻看了他的课本，才知道他叫罗煜哲，数学系的。”

“噢，看起来还不错的样子。”陈娅努力让自己保持平静。

“我这里只有他看书的照片，你不知道，他在篮球场上的样子更帅，高大挺拔，是我喜欢的那种男生。”苏沁说。

陈娅犹豫了很久，最终还是没有告诉苏沁自己跟罗煜哲认识这回事。

她又算他的谁呢？不过是见过几面而已，听苏沁说完后，她才意识到，自己对罗煜哲的了解，也不过这些。

苏沁扬了扬手里的小挎包，神秘兮兮地说：“小娅，下午陪我一起去图书馆吧，我准备了‘秘密武器’。”

“好啊。”面对苏沁，陈娅总是找不出拒绝的理由。

去图书馆的路上，苏沁蹦蹦跳跳走在前面，陈娅这才注意到苏沁今天特意穿了一条白色长裙，头发自然地披在背上，耳朵上戴了精致小巧的耳钉，太阳下一闪一闪的。高挑纤细、面容姣好的她走在人群里特别闪耀，站在一旁的陈娅甚至都能想到，她站在罗煜哲身边无比登对的样子。

她们到图书馆的时候，罗煜哲还没到。陈娅找了个靠窗的位置坐下，去挑了一堆花花绿绿的杂志打发时间。苏沁边做习题边焦急地等待着罗煜哲的出现，当罗煜哲背着书包在她斜对面坐下的时候，她觉得心脏都要从嗓子眼儿里跳出来了。

“咳咳，咳咳……”果真，罗煜哲的感冒还没好，刚坐下便止不住地咳嗽。

苏沁看到他咳得涨红了脸，怕影响到别人，放下书包往门外走去，她赶忙快步跟了上去。

“喂，同学，这个给你。”苏沁说完便递给她一瓶止咳糖浆，俏皮地眨了下眼。

罗煜哲有些懵，“同学，咱们认识？”

“看你咳嗽了好几天了，今晚路过药店顺便买的，想碰碰运气看能不能遇到你，没想到你果真又来了，喝了它，保重身体。”苏沁笑着说。

“谢谢。”罗煜哲说着便拧开瓶盖喝了一口。

“不客气，早日康复。”苏沁说完便进了图书馆。

重新回到座位上时，苏沁长舒了一口气。她极力让自己保持平静，可在与罗煜哲四目交接的一刻，她还是听到了自己心跳加速的声音。

这一切都被一旁的陈娅看在眼里。

在看到苏沁一脸幸福地冲进来的那刻，她在心底告诉自己，也许有些潜滋暗长的情绪，该尽早摁下去。

如果苏沁喜欢的那个男生，不是你该多好。陈娅望着窗外的罗煜哲默默地想。

有时候，戛然而止是好事

自那之后，苏沁与罗煜哲之间就变得熟络了。很快，罗煜哲便把座位换到了苏沁身边，像图书馆里很多小情侣那样。

陈娅在离他们最远的地方占了个位置，那里照不到阳光，但她还是觉得坐在那最踏实。

罗煜哲和苏沁在一起的消息并没引起太大轰动，因为在很多人眼里，他们就是彼此恰好契合的另一半，他们就应该在一起。身边有了苏沁后，罗煜哲好像收了心，也自觉地与那些花花草草之间画了界限。

苏沁沉浸在恋爱带来的喜悦里，目光丝毫不愿从罗煜哲身上移开，与陈娅待在一起的时间也便少了不少。陈娅有时经常会望着他们两人一起的背影发呆，觉得孤单的时候便跟室友唐美意待在一起。

“在苏沁跟罗煜哲在一起之前，为什么不努力一把？”唐美意早就看穿了陈娅的心思。

“因为我觉得自己不是他喜欢的那种类型的女生。”陈娅淡淡地说。

唐美意反驳道：“不尝试一下你怎么知道。”

陈娅不再争辩，只是用吸管将眼前的饮料吸得“嘶嘶”作响，饮料盒很快变得干瘪，空空荡荡的，就像她的心。

陈娅喜欢玩新浪微博，很早便注册了，经常在上面发一些原创的心灵鸡汤，时间长了也积累了不少粉丝。只是很少有人知道，除了这个有一千多个粉丝的微博账号，她还有一个粉丝个位数的小号，那上面写满了更多她埋于心底的隐秘心事。

这些微博全都写给一个人——罗煜哲，密密麻麻的字句，一如她一颗热气腾腾的真心。

每天到这个没人知晓的微博账号上来更新，已经是夜深人静时专属于她一个人的小秘密。

手机屏幕上的光明明灭灭，她仔细斟酌每一个字句，就像对待一封即将投递出去的情书。可是，她知道，自己只是需要这样一种方式来为心底蜿蜒曲折的情绪找到一个出口，等有一天，时机到了，她自然会心甘情愿掐灭心底对于他的向往。

好像见过永远

苏沁的出现好像让一向顽劣的罗煜哲收了心，打破了他之前的恋爱记录。两人甚至认真规划起未来，决意参与彼此的余生。

因为忙于恋爱，苏沁很少有时间做记者团的工作，在不久后退出了记者团。大二下学期，苏沁开始在外面公司里做实习生，提早为将来走向社会积累经验。

陈娅在大学里成绩一直遥遥领先，是大家眼里的学霸，记者团的工作也做得风生水起，并且在大三一开始顺利竞选为记者团团长。她从默默无闻到渐渐被越来越多人看到、喜欢，每一步都走得坚定踏实，小小的身体里似乎有用不完的巨大能量。

因为要忙于各自的生活，陈娅与苏沁聚在一起的时间越来越少，有时在学校里见一面也是匆匆说几句话便又各自扎进自己的生活里去。在为新闻稿件忙得焦头烂额甚至熬夜到凌晨的时候，陈娅有时会有些想念那个当时斩钉截铁告诉她加入记者团是因为将来想当记者的苏沁。

后来，身边也有不少男生向她示过好，但她都没有理会，因为她在内心深处总是觉得错过了心里那个人，宁肯让身边空着也不要随便找个人并肩前行。每晚临睡前她还是习惯将心底的情绪掏空，搁置到那个不被人知晓的微博小号上。

她很珍惜这份独属于自己的宁静。

直到这种宁静被苏沁打破。

苏沁怒气冲冲地来找陈娅的时候，她正在图书馆里安静地做一张英语试卷，见苏沁进来，她摘掉耳机跟她走了出去。

“你为什么要这么做？亏我还把你当好朋友！”苏沁上来就劈头盖脸一顿说。

目光在扫到苏沁扬起的手机屏幕时，她就明白了她是为什么生气。苏沁手机屏幕上显示的正是陈娅微博小号的内容。

“你是怎么找到我这个微博账号的，我开始写这个微博的时候还是零粉丝，现在粉丝里也没有认识的人，我只是写给我自己，并没想让谁看到。”陈娅出奇地冷静。

“零粉丝就可以这样毫不遮掩地表达对我男朋友的爱慕了吗？你在这样公开的地方写这个，难道不是为了有一天让他看到而感动吗？”苏沁依旧不依不饶。

陈娅默默看了一下眼前怒不可遏的苏沁，她踩着十厘米的高跟鞋，原本便身材高挑的她衬得陈娅更矮小。苏沁脸上化着浓妆，手里抓着小挎包，跟两年前她认识的那个如邻家女孩儿一样的苏沁判若两人。

“我认识罗煜哲要早过你，我承认自己当时对他有过好感，但你们在一起后我便将心底的那份向往掐灭了。这个微博账号，起初注册时便是想在一个安静的地方写一些心情，所以后来我一直在用，之前的也没有删除。”陈娅一脸坦诚。

苏沁愤然离开，“陈娅，我再也不想见到你！”

她踩着高跟鞋离开，“噔噔噔”的声音回响在大厅里。光洁的地板上映出细碎阳光的剪影，支离破碎的，就像她跟苏沁最终走散的人生。

苏沁清脆的笑声仿佛还在耳畔，曾有很多时刻，陈娅以为自己见过永远。

总有深情，无人认领

罗煜哲跟苏沁最终没有走到最后，当然不是因为陈娅，他根本不知道那个微博小号的存在。苏沁怒气冲冲去找陈娅也许只是想把心底的情绪宣泄一下，想为罗煜哲的全身而退找个能说服自己的理由。

苏沁太想要一个结果，在人生这条跑道上，她一直在拽着罗煜哲加速冲刺。可罗煜哲不一样，他是那种起跑后不满意就重新回到起点的人。

大四上学期，苏沁匆匆跟实习单位签了约，决意在这座城市留下来。罗煜哲被保送本校研究生，陈娅则成功申请到了国外的学校。

其实陈娅一直想找苏沁好好谈谈，但一直又没法鼓起勇气，也许在心底她一直觉得苏沁会主动来找她。在这样的等待里，大四这一年倏地过去，兵荒马乱的毕业季很快来临。整个校园都被伤感弥漫，操场上、宿舍楼下、小花园里到处都是醉得东倒西歪、哭哭啼啼道别的毕业生，不胜酒力的陈娅散伙饭也吃了一场又一场，但她还是觉得心底空落落的。

苏沁一直没来找她。

倒是罗煜哲来找过她一次，是老乡会的毕业聚餐，他作为组织者打来电话问陈娅能不能参加，她迟疑了一下，最终答应前往。

那晚她一个人坐在角落里看罗煜哲不停地与桌上每个人碰杯，谈笑风生的样子，忽然心里像被扎了一样生疼。她忽然很怀念那个当初跟她形影不离的苏沁，她在心底默默地想，自己跟苏沁是同类，可能因为从小喜欢什么东西都很少失手，所以才会那么患得患失。她们如果喜欢上一个人，就想安安静静一个人将其占有，也许只有紧握在手里的踏实感才能弥补心底缺失的安全感。

想到此刻苏沁也许正一个人在这座并不属于自己的城市里挤地铁，她忽然瘪瘪嘴，眼泪“吧嗒吧嗒”地砸落在眼前的高脚杯里。

罗煜哲举着酒杯朝她走来的时候，她有一瞬间的失神，继而端起酒杯一饮而尽，烈酒的酒劲儿上来她一阵晕眩，眼前罗煜哲的笑脸有些模糊，她心底那句压抑了很久一直没有说出来的话，终于又一次被她摁了下去。

虽然有些醉了，但残存的意识告诉她，有些东西，就如这杯酒，喝完了，就应该没了。

第二天她在宿舍床上醒来，第一件事就是登录许久没上的微博小号，将那六百多条微博一一删除，点到最后，她手腕都酸疼了。望着空荡荡的屏幕，她忽然明白，这世上总有些深情，注定无人认领。

而今后，她决定在这里书写新的人生。她会将心底的怯懦与纠结，都写给一个人看，那个人不在她个位数的粉丝里，但她知道，她一定会来看。

到那天，她一定会鼓足勇气说一句：苏沁，欢迎回来。

住在幻想里的少女

蓝与冰

我想我喜欢上了那个女孩儿

她总是会在七点五十走上这趟公交车，每次都习惯性地蒙眬着眼，像是睡不醒的样子，举手投足就能看出她自身优雅娴静的气质。不知不觉，每天早上能见到她，竟成了我最期待的事。

韩池睁开了眼睛。

坐在司机身后第一排的好处，就是可以以最佳的视角观察每一位上车的乘客。他等这一站已经等了半小时，当广播响起“下一站，十院”时，他就不由得兴奋起来。他挺直了身板，目光如炬，围绕着车门口射着期盼的光。

终于在七个人之后，他看见了自己的目标对象。长发女孩儿挎着钢琴键图案的帆布包，穿着一袭雪白的纱纺裙，微眯着眼，表情慵懒地举起了公交卡。

韩池坐不住了，他的心像一瓶摇晃了许久猛然打开的香槟酒，惊喜的泡沫霎时洋溢四起。他的目光随着女孩儿的身影后移，后来索性站起来顺着人流走到了她身边。女孩儿仿佛有所察觉，目光往上一挑，正好与韩池对视，惊得他的心跳骤然一顿。他佯装无意地咳嗽两声，忽然觉得自己好尴尬，简直像个跟踪狂一样嘛。

公交车走走停停地过了几站，女孩儿也打了个哈欠准备下车，韩池在那一瞬间变得有点儿慌张。他往前几步，右手就自作主张地伸了过去拉住了女孩儿的手臂。

拉住她时，两个人都愣了。在女孩儿回头诧异的目光里，在司机催促的喇叭声里，他们匆匆地逃下了车。韩池觉得下车的几秒钟忽然被定格住了，像穿越了一段漫长的时光一样。

这女孩儿跟我想的不一样

“你好，我想跟你认识一下。”韩池低着头搔着后脑勺儿，用这句很老套的话开了腔儿。可是还能说什么呢？“我注意你很久了……”之类的，听起来就像是恐吓啊。

他怕自己吓到女孩儿，可实际上，却是女孩儿吓到他了。

女孩儿甩开他的手，眼睛像夜里的猫科动物一样瞪得大大的，充满了好奇，声音是清脆而富有活力的：“你是……高中生？”

韩池一怔，“我大一。”

“哈哈，比我小啊！那你还学别人搭讪！”女孩儿从手腕上摘下头绳，叼着头绳利落地将长发束成了一股，调皮地眨眨眼睛，“我已经大二了，快叫姐姐！”

她一笑起来露出了两颗尖尖的虎牙，之前的文静气质一扫而空，像是一尾安静的金鱼忽然化成灵巧生动的鸟儿，振翅几下就打开了一片蓝天，舞成了活泼而自由的风。

那种违和感啊，还真是奇妙。

女孩儿叫戚悦，趁着寒假在大学城附近的茶餐厅打工，所以一大早就得赶公交。和印象里的完全不同，戚悦的话很多，声线里写着从容和自信。自来熟的她抓着韩池说个没完，从星座到血型最后聊到最近流行的电视节目，有着十足的阳光气场。韩池一直想问之前有注意到有一个目光一直在看着她，可是却一直没问出口，因为戚悦根本不肯把话语权交给自己。

“正好放假的时候我还觉得无聊呢，本来以为好不容易的假期可以休息一下了，结果打工店的阿姨还不放过我，我可是夜猫子型的人啊，早起对我来说有多痛苦啊……有次迷糊地坐过了站！”戚悦滔滔不绝地说着，一旁的韩池有点儿尴尬，“呃，你还真是……跟我想的有点儿不一样啊。”

“是吗？”戚悦冲他眨眨眼，“不瞒你说，我爸妈都是老师，从小对我的管教就特别严格，吃饭时不能说话，不能甩胳膊走路，晚上不能熬夜……现在的我终于长大了不用再受他们的管制了，我就把那些规矩都打破了，经常抓到一个人就吐槽抱怨，活活变成了一个小话痨。”戚悦抻直了胳膊举到头顶嘟着嘴巴。看了她早上时的安稳迷糊样似乎真是没睡醒，精神起来的戚悦的表情变化就从来没停过，一会儿噘着嘴，一会儿瞪着眼睛，腿抬得高高的，每一步都迈得很大。

韩池想到日记里之前写的那些话，忽然就笑了。

我想，也许这就是喜欢吧

虽然韩池是一个并不善言辞的男生，但是有活泼的戚悦在，他只作为一个安静的听众竟也一点儿都不显得尴尬。

两个人就这样熟络起来了，假期里很清闲，韩池会坐到图书馆看书，早上的公交还是能和戚悦共行一路。韩池还是会很仔细地观察她上车的样子，有些低血压的戚悦每次上车时都纤弱成了安静的纸片人，可是在看到韩池之后，那双睁不开的眼睛猛地一眨，眼睫一扫，太阳就升起来了。

韩池也不知道之前的自己从哪里来的勇气，将戚悦从幻想世界中一把拽了出来，让自己看到了不一样的惊喜。在认识她之后，再也没办法叫她文静的少女了。

他们相识的第七天，戚悦提出来一起去游乐园玩。韩池刚准时到达，戚悦就从旁边蹦跳着跑了过来，兴奋地拽住了他的胳膊，“哈哈，我之前就一直想来玩，还觉得一个人来游乐园实在是太可怜了，还好有你来陪我！”

他们坐过山车，比起过山车的冲击还是身边戚悦尖叫声的刺激更大一点儿；他们坐茶杯转盘，明明自己已经头晕到想吐了，戚悦却还是精神满满地转着茶杯形状的转车；他们坐旋转木马，哈哈笑着的戚悦竟然从木马上跌了下来……虽然还是冬天，韩池却被戚悦的乐天劲儿照得暖洋洋的。两个人玩累了，才在饮料摊买了两杯奶茶。

两个人叼着吸管往旁边走，却正好看见两个青年凑在一起窃窃私语着，交谈着远处一个穿短裙的女孩子：“你看，她长得挺漂亮吧？”

“嗯，一看就是热情开朗型的啊，咱们去搭个讪吧？”

两个人回过头瞥见戚悦他们正盯着自己这边，忙扭头走开了。戚悦盯着他们的背影耷拉下了眼皮。

“恶心。”

韩池有些愕然，他看见身边的戚悦眼角上挑，鼻子微哼，那种带着骄傲和鄙夷的眼神，让韩池觉得好陌生。

戚悦放下奶茶，盘着双手竖起眉说：“不觉得这种人很恶心吗？凭自己喜好在脑袋里瞎想，完全不管别人的感受！还不知道会在脑袋里妄想着多么龌龊的事呢！私下里偷偷地观察着别人，却只沉浸在自己的妄想世界里，这种人……”

“啪。”

两个人再一次的同时愣住，因为韩池无意识的举动，戚悦捂着自己的左脸颊，表情像是被冰水淋过一样地僵。韩池愣愣地看着自己的右手，又一次地不受控制了，只是刚才听到那些刺耳的话时，他就感觉脑袋像是没有信号的雪花电视一样“嗡嗡”地颤抖上了，像是一只无形的手在狠狠攥着自己的心脏，难受到快要失控了。

所以这个下意识的举动也只是一个信号而已吧，让她赶快停下来，不要再刺激自己的耳膜了。

我在别人眼里会是什么样子

戚悦怔怔地捂着自己的脸，猛地转过来冲向韩池，瞪大的眼睛里能看到微微的血丝。

“为什么？你觉得我说错了吗？你们所有的人都以外表判定一个人，然后活在自己的妄想里，我说我讨厌这样有错吗？我受够了，为什么就不能让我从你们的目光、你们的脑海里解放出来呢？”

“小时候就是这样，爸爸妈妈带我走到哪儿都夸我是个文静的好孩子，我就得活成他们想象的样子，可是我好累啊，我感觉自己的心里有一个大冰洞，里面住着一只嘶吼的北极熊，所以我每天都叛逆地活着，想活出自己来，可是，根本没人关心我的内心。”戚悦的双眼狠狠地瞪着韩池，眼眶像是努力地抵挡着洪水来袭的堤坝，委屈得通红。在低头的一瞬间，最后坚强的防垒就崩溃了，她的眼泪落到地上的红色砖块上，泪迹落下去的一点点变成了深红色。可她还是紧紧地咬着下嘴唇，仿佛一哭出声就真的输掉了一样。

“我还以为你能听得下去我说话，会是一个很好的朋友呢。可说到底，你一开始也只是被我外表显出的气质吸引了罢了，根本没有人愿意走近我了解我真正的内心，你们这些人，最差劲儿了。”

韩池张张嘴，却没说话。他安静了一会儿才说：“喂，你看看这个吧。”

韩池手上，是一本古铜色封皮的日记，像是一段封印着的静好时光，年代感扑面而来。

戚悦抽抽鼻子，愣愣地接过来：“……这是？”

“我哥哥的日记。”

戚悦轻轻打开日记本，里面温柔暖意的语句瞬时如风袭来，让她的眼窝忽然有点儿痒。

“你，和我哥哥的女朋友长得很像呢。”韩池把脸低到围巾里，耷拉着眼皮，“虽然我对她已经没什么印象了，可是你的侧脸，真的和她的那张照片很像，尤其是眉眼那部分。”

“听我哥哥说，他因为年少不懂事，和他的初恋分手了，可当女友走了之后他才开始后悔起来，却再找不回联系方式了。哥哥很犯愁，开始吸好多的烟，还一直留着女友的相片希望有一天能重新遇到，但是那一直只是个希望。然后后来，他看到了你。”

“精神萎靡的他重新精神焕发起来，每天早上只是看着你的背景就像是回到了以前的日子一样，很满足很幸福了。我不知道他这样看着你有多久了，我只是能从这日记的字里行间看出来，你的出现对于他来说是多么大的慰藉。不幸的消息是，上个月，哥哥因病去世了。我在整理他的遗物时，发现了这本日记本，才知道原来他还有这样一段隐涩的暗恋啊。我想看看是哪个女孩儿，才搭上了这趟车。”

韩池的声音透彻清晰，像是在讲述着一个娓娓的童话故事：“所以我听你说那段话时才会生气到失控了，我觉得那与其说是妄想，还是幻想更好听些吧。人们肯定都想把你塑造成自己最喜欢的样子，不是没人真心喜欢你，而是喜欢到，不想破坏那份美好的憧憬和幻想，更不想打扰你的生活。”

“至少，认识你，让我很开心。”韩池耸耸肩膀，哈出了白色的哈气，“当然，我和哥哥的看法不一样，还是觉得这样鲜活乐观的你比较可爱，也很喜欢跟你一起出去玩。所以你看，世界上喜好不同的人有这么多，也不能希望每个人都喜欢上你的本性吧。正因为有了矛盾，才显得有趣不是吗。”

印象里一直木讷脸的韩池第一次弯着眼睛冲戚悦笑起来，所有的情绪都融化成了笑颜。戚悦愣愣地看着他，“哈”地轻笑了一声，歪着脑袋说：“也是哈。”

“还有……你喜欢钢琴吗？还背着这样的包？”韩池指了指戚悦挎着的帆布包，戚悦举着包吐吐舌头，“不是啦，这是之前溅上了斑点，洗不掉了，我就把他涂鸦成了现在的样子。嘿嘿看样子我画得还不错啊。”

原来如此，那只是她随手的涂鸦啊，可是这在别人眼中能变成优雅的钢琴键图案，不也是一件很美好的事吗？韩池眯着眼抬起头笑得很清浅，阳光正好，不知道现在的自己在别人的眼里，又会是什么样子呢。

最喜欢的你待在曾经里

7点先生

1

高一的暑假，我最喜欢做的事情就是去KTV唱歌。一个人，一个包厢，一个话筒，我便可以不管不顾地唱足两个小时。

7月7日，我的生日。当我正在撕心裂肺地吼着“我还给你自由，趁我现在还能够感同身受……”的时候，包厢的门突然被打开，然后我抱着话筒愣愣地看着一个男生歪歪扭扭地走进来，然后重重地坐在我身边。

愣了两分钟，男生半眯着眼睛转向我，然后再看看四周，有点儿诧异地问：“人都走了？”他迷糊的样子很可爱，头发的颜色在光影下显得很漂亮。

我握着话筒凑到他耳边说：“你，走错了吧？”

“啊……”他晃晃脑袋，用手拍拍头，然后带着歉意对我笑，露出两个浅浅的酒窝，“对不起呢，和朋友喝了点儿酒，从洗手间出来都找不着方向了。”

我回他一个微笑，然后点头表示理解。

他对我做了一个敬礼的手势，然后才晃晃悠悠地站起来准备离开。我自顾自地挑选着歌曲，没想到他突然又坐回我身边，我好奇地看向他，才发现他的视线集中在我放在桌子上的水果蛋糕上。

“你……的生日啊？”

“是的。”

“哈，那么，生日快乐。”

我很真诚地对他说“谢谢”，因为，那是我收到的第一个祝福。只是，没想到他突然很豪爽地拿起一个话筒，对我说，“既然是你的生日，我就为你唱一首歌吧。”

我不置可否。

他点的是张芸京的《偏爱》，声线温柔到不行，我看着他的侧脸，突然有一瞬间的恍惚。在唱到“如果我错了也承担，认定你就是答案，我不怕谁嘲笑我极端”的时候，我竟然感觉他似乎是要哭了。

那也是我第一次见到那么会唱歌的男生，于是也生出一丝欢喜，我把水果蛋糕给他切了一块，他也毫不做作地吃了起来。末了，他对我说：“其实，你笑起来挺可爱的呢。”

2

十六岁生日的夜晚，我做了一个梦。梦里面，有一个男生一直在唱《偏爱》，声线温柔且摄人心魄，醒来的时候，我发现自己眼角有点儿湿润。

我一直相信一个所谓的“期待定理”，大概的意思就是如果一直对某件事情抱有百分之百的期待，那么，那件事情总是会有成真的可能。

所以，再次在KTV门口遇到那个男生的时候，我从心底生出满满的欢喜来。因为抱有百分百遇见的期待，所以，就真的可以遇见。

那个时候，我撑着一把缀着满是圆点的遮阳伞，看着不远处站在门口的几个人，唯独他最是瞩目，在他偏过头的时候，右耳上的一粒耳钉晃到了我的眼睛，我下意识地闭上眼睛，却听到他的声音：“嘿，那个刚刚过完生日的小孩儿，又见面了。”

我装作不在意地笑，心里却因为他还记得我而感到快乐。

最后，他撇下他的朋友，走到我身边对我说：“嗨，如果你有时间，我们去打游戏吧？”

我点头，“好哇。”

“小蕙，你太衰啦。”每次在我输掉游戏的时候，他总是毫不吝啬地打击我。而我也总是强势还击，“哼，何小人还不是一样。”

他叫何家明，但是我却一直喊他何小人，他也不生气，总是一副没心没肺的样子。我喜欢看他笑，有一股很吸引人的力量，可是他却对我说：“经常笑的人，不一定总是快乐的。”

记不清第几次打游戏的时候，他偷偷地作弊，然后被我火眼金睛地察觉了，于是腾出一只手拍到他的键盘上，很不满地问：“喂，怎么可以作弊啊？”

谁知道他也腾出一只手，捉住我的手，对我坏笑，“这样的话，就都不能作弊啦。”

我一心想着赢了他，所以另外一只手在努力地敲着键盘，一直到最后才发现，原来我们保持着手拉手的姿势很长的时间。

应该是从那个时候心动的吧，从那个手掌里抽回自己的手时候，手心的热度似乎一下子也传到了脸庞。

七月即将结束的时候，我听到他说：“小蕙，我喜欢你。”

我想起了所谓的“期待定理”，于是发现，自己的的确确是个幸运的孩子，每一个期待，都可以实现。

我喜欢你喜欢我。因为，我也喜欢你。

3

当我想起自己很久没有再去唱歌的时候，才发现暑假已经过去了一半。某一天，我起床，看到他更新的签名，8月7日，我永远记得。

8月7日。我看着看着，突然就嘴角上扬。7月7日的时候，我们认识，一转眼便是8月7日，是属于我们的纪念日吧，我这样想。

从来没有想到初恋的感觉是如此美妙，认识一个人，然后相互喜欢，可以在一起，真的就是很幸福了吧。

一直以为那是属于我们的第一个纪念日，我觉得自己显得小心而又隆重。从衣柜里挑选了很长时间的衣服，然后仔细地弄好头发，无非是想要让喜欢的人看到自己的好。

只是，一整天，我找不到那个笑起来有浅浅酒窝的男生。

当夜幕降临，街上闪烁起霓虹的时候，我突然被一股巨大的绝望所笼罩。怎么可以就这样消失了呢。如果我找不到你，是不是连同那些快乐的日子都要一起埋葬？

像是一个被拔出灵魂的小丑游走在街头，无意识的经过KTV时，我想起第一次见面的场景。于是情不自禁地走了进去。

在那个被我“御用”的小包厢门口，我看到的画面却如此的扎眼。

我亲爱的男孩儿正半曲着身子对坐在沙发上的女生伸出手，握着话筒的模样那么迷人，说出话也那么迷人：“亲爱的，我们重新开始吧。”

……

我第一次发现熟悉的街头可以变得这样陌生，好像全世界的花儿都远离了我，如果全世界都可以放弃，用它来换一个你，也是不可能的了。

原来，你和她将要重新开始，那么，我呢？

我经过天桥，经过米线店，经过网吧，经过咖啡屋，经过篮球场，经过一切我们一起经过的地方，然后，眼泪也不听话地掉下来。

在熟悉的米线店，我点了两碗米线，一碗放在对面，你坐的位置，一碗摆在自己面前。我和你说话，就好像你还坐在我面前，我把筷子放在你的米线旁边，然后轻轻问你，怎么可以在表白的时候，不关好门呢，你难道不知道有人会看到吗，你一定是故意的吧，因为你想看看我有多坚强，对不对？

对面的位置，始终是空着呢。

而我知道，吃完这碗米线，我们就回到了各自的起点，就好像从来不曾相识。因为，有的时候，遇见也是一个美丽的错误。在错的时间，遇见对的人，只能是一声叹息。

4

那个假期结束得那么快。

只是，当从医生口中听到“抑郁症”三个字时，有一瞬间的恍惚。瞧，或许爱恋总是个让人伤神的东西。我试图努力地忘记你，可是总是做不到。

叶正楠出现的时候，我正对着阳台浇花。我没想到自己会一失神，花洒就从手里滑落，然后很凑巧的砸到从楼下正在行走的生物。

“哎哟喂，你要请叶正楠吃东西，我才可以原谅你。”当我披头散发，穿着拖鞋跑下楼时，那个高个子男生大声地说。

我抱着我的花洒，弱弱地问：“请问，叶正楠是谁？”

然后一个大大的笑容绽放在我的面前，“当然就是本人啦。”

于是，那个下午，叶正楠很严肃地告诉我，他饿了，要吃米线。我也很严肃地拒绝了，除了米线，别的都可以吃。

是的，我还是在意，因为，除了你，何家明，我没有办法再和别的男生一起吃米线。

幸好叶正楠是个好说话的家伙，最后一份蛋炒饭就打发了他。

我不知道蛋炒饭是不是有激发人好奇心的魔力，因为在回去的路上，高个子男生叶正楠说：“喂，吉小蕙，你一个多星期没去上课了，你逃课还挺明目张胆的啊……对了，你最喜欢吃什么东西呀……”

原本想要在那一瞬间爆发，只是突然转过身的时候，却看到站在楼下的身影。我的眼泪突然掉下来，何家明，何家明。天知道，我有多想上前去拥抱他，我想让他知道，整整一个月，我下了多大的决心才把手机卡换掉，然后不上网，不打游戏。

戒不掉的，有些感觉始终是戒不掉的。

就如此刻，当我生硬地站在那里，没有任何举动的时候。我心心念念的男孩儿，他走到我面前，眉眼里有挥散不去的颓废，下巴上青青的胡茬更显得落寞。

“那天……”他的声音有些沙哑，只是最后他始终没有说话，叶正楠在这个时候突然牵起我的手，何家明的眼神终于淡漠，他说：“对不起。我走了。”

望着那个渐行渐远的背影，我终于在叶正楠的怀里崩溃，其实我想问他，为什么和我说对不起，是因为我在他刚刚分手的时候，做了他一个月的替代品还是因为别的。

我早就知道他要走的，从莫欣告诉我，她要去大理的时候，我就知道了最后的结局。

我最美丽的邻居莫欣，我们在同一个屋檐下两年，我却始终不知道，平日里，你对我说最多的男生，她口中的家明，原来就是他。

最后一次，莫欣在阳台上看我种的花，她对我说：“小蕙，家明要和我一起去大理呢，他说，我的抑郁症一定可以治好的。”

那一瞬间，我在想，如果我得抑郁症的时间比莫欣早，那么，何家明是不是也对我死心塌地呢？

5

十一月的一天，阳光温暖，日子晴好。

叶正楠拿着相机很不满的冲我吼：“喂，笨丫头，你能不能离那朵大花近一点儿，我好把它的脸和你的脸一起塞到镜头里面去！”

这个臭家伙，才多久啊，就这样对我大呼小叫，我无奈地朝那朵恶俗的红花靠近了一点儿，叶正楠同学才满意地点点头。

叶正楠那个傻瓜神经质地把洗出来的照片贴满了墙壁，他对我说：“笨丫头，这是属于我们的快乐，要时常看到才行。”

我撇嘴说：“难道这个也是你妈妈教给你的吗？”

“啊？”叶正楠犯傻的样子可爱至极。他以为他不说，我就不知道他妈妈就是那个误诊我有轻度抑郁症的医生吗……

当我趴在桌子上写日记的时候，叶正楠一边摆弄照片一边问我：“笨丫头，你到底在写什么呀？”

我回头冲他调皮的笑，“这个啊，是秘密。”

写完最后的“献给我曾经喜欢的你”这些字的时候，我终于释怀地笑了。

亲爱的男孩儿，你看，我到最后还是希望你和喜欢的女生白头，因为是你，所以你才一定要过得好。

暗恋不过一场热伤风

巧笑倩兮

1

在喜欢欧小川之前，我根本不能理解为什么有的女生愿意为了自己喜欢的男孩子去做自己不愿意做的事情。

比如本来从不吃辣的江南姑娘为了她无辣不欢的那个他吃辣椒呛得泪流满面，末了还心满意足地说："我觉得吃辣椒的感觉真的很棒呢。"比如本来就对《荒野猎人》毫无好感的妹子为了陪她非动作电影不看的那个他去了影院，两个小时差不多都睡了好几觉，末了还打着哈欠说："我觉得小李子真不愧是拿过奥斯卡小金人的实力派呢。"

这简直是折磨自己好吗！这样委屈和迁就的喜欢简直是俗不可耐好吗！

可是在喜欢欧小川之后，我就发现自己竟然也成了从前自己口中很是鄙视的那一类女生。是哪篇心灵鸡汤里说的来着，我们最后都会变成自己从前讨厌的那一类人。可就算是这样，我还是很想像新婚仪式上牧师问新娘愿不愿意嫁给新郎时回答的那样，说"我愿意"呀。

2

第一次见到欧小川，是在开学的前一天晚自习前半个小时。那时校园的落日余晖还没落尽，我不想那么早就回班里上晚自习，便跑到了校园角落里的一处小凉亭子里，却迎面便撞上了应该也是要着急回班里上课的他。

因为太突然，还撞落了他左手夹着的那本书。我一边说着抱歉一边弯腰帮他捡起来，泛黄的扉页上印着“岳麓书社”，封底还是“2.99元”的定价字样，我掸了掸灰，“同学，你看这么复古的书啊？”

他挠了挠头，“谢谢你，同学，不过我得先走了……再见！”

然后，还真如他所言，我们真的“再见”了——原来他就是那个老班口中说的“特别认真的转校生”——明天开学，他完全可以明天再来啊，可他却因为要尽早适应新学校环境，提前一天，还是晚上，就来上课了。

“还真够认真的呢，这欧小川同学。”同桌艾小棋咬着笔头感慨。

“大家好，我是欧小川，今年十七岁，身高一米七八……”这个叫欧小川的男生一板一眼地在讲台上做着自我介绍，然后我就想到了半小时前他手里的那本岳麓书院版《三国演义》，“对啊，《三国演义》都要看老版本，能不认真吗？”

“人家欧同学才第一天来，你别一副见了帅哥就犯傻的花痴样儿，好像你们之前见过似的……”艾小棋把我的头掰过去，一本正经地“教训”我。

“本来就见过的呀！”我心里暗暗地笑，然后看了一眼已经第二遍都看到第六十回的《红楼梦》，“嗯，从明天起，我要看《三国演义》！”我对自己说。

艾小棋后来问过我：“不过就是一面之缘，至于到了喜欢的地步吗？”

可我就是说不清楚什么原因，单单就凭那一本老版本的《三国演义》，就喜欢上了他的文质彬彬、一板一眼。哦，或者说是他像宋仲基一样的单眼皮和小眼睛，以及他骨节分明像钢琴家一般的手。

但是我真的低估了《三国演义》的晦涩程度好吗！比起《红楼梦》里几乎全是女儿国的规模，时间过去了两三周，我还是只记得《三国演义》里的貂蝉……

“你发什么愁啊？”艾小棋对我挤眉弄眼，一副“你别装，我什么都懂”的样子，“去问欧小川呀，他前两天不还在班会上做了一次《三国演义》主题演讲嘛！”

我的心思一下子被看穿——可是，要怎么去呢？难道直接说：“欧同学，我对《三国演义》也很感兴趣，你可以给我讲一讲吗？”

“嗯……这个嘛，你还不如直接说‘欧同学，我对你也很感兴趣’……哈哈哈！”

“艾小棋，你过来，我保证不打死你！”我简直是恼羞成怒。

可是艾小棋并没有朝我走过来，而是径直朝欧小川走了过去，“欧同学，我们落落有问题想请教你！”

……

我内心无语了三分钟之后，只好硬着头皮走了过去，摊开了手中那本青少版《三国演义》，“呃……是这样的，你能给我讲讲《三国演义》里的故事吗？”

“一次性讲太多你可能理解不了，”欧小川好像并没有觉得有多突兀，而是摩挲着我的青少版书皮，看上去真的是在为我着想的为难，“这样，以后我按章回体体例，每天给你讲一回，你看可以吗？”

这认真的属性，不愧是我认识的那个欧小川。

不过怎么有种“傍上了长期饭票”的感觉？

我感激地朝艾小棋做了一个鬼脸。

3

我和欧小川居然就这样一来二去因为《三国演义》开始熟络起来。我由此还旁敲侧击地知道了他最喜欢吃我最不喜欢吃的青椒，他最喜欢我最不喜欢的NBA篮球明星科比，他最不喜欢吃我最喜欢吃的油焖大虾，就连以后要上大学的城市也是他喜欢南京而我喜欢北京……

总之还有好多好多类似的案例……我都不忍赘述。

“哎，我说落落，你和欧小川不会是相克吧？”艾小棋对着我一脸关心，她这个唯物主义者甚至有点儿违心地相信相生相克的迷信原理来。她说我是在一意孤行地跑喜欢欧小川的爱情马拉松，并断言我和他根本不可能在一起，理由有三：吃，吃不到一起去；谈，谈不到一起去；玩，也玩不到一起去！

“高中生哪里有时间玩儿，根本就没有，好吗！”我半开玩笑半认真地对她说：“再说，我也愿意为他做一些改变啊！”

而每当他给我讲章节故事梗概以及其中的人物关系我都是被正午的阳光晒得昏昏欲睡，这句“我也愿意为他做一些改变”就成了我无数次成功赶走瞌睡虫时的精神“圣经”。后来关于这段记忆，就只剩下他帅气的侧颜，还有他落在白纸上的一丝不苟的钢笔字，极其严谨认真，像极了他这个人。

但是我还是被艾小棋说中了，在为了喜欢而改变的这条路上，因为吃辣椒太过于猛烈导致了肠胃不适而住进了医院。

给我看诊的女医生跟妈妈年纪差不多大，她一脸心疼地看着我说：“傻孩子，怎么一顿吃那么多辣椒，差点儿就转成了急性胃肠炎。每个人的肠胃都不一样，你没有必要强求自己无辣不欢的。”

我有点儿歉疚地低下了头，艾小棋见女医生踏出病房门槛，挤眉弄眼怂恿我：“你说我要不要给某些人打个电话，好歹让他来探望你一下呢，怎么说你也是为了他才生病的呢。”

“说什么呢！”虽然我正是为了能够去赴一个月后欧小川的重庆九宫格火锅超辣“生日宴”才下猛药锻炼的我的肠胃，虽然我也特别希望他能在我生病的虚弱时刻来探望我，可是，这样突兀的理由，说给欧小川听，他会相信吗？

想到因为生病不能去学校，我就忐忑着给欧小川发了一个短信，内容大致是“抱歉，因为我的原因，《三国演义》的讲解要中断了呢，谢谢你”，好半天过去，他给我回了四个字：“注意休息。”

我拿着手机，盯着这条信息，呆了好一阵儿，也想了好一阵儿，似乎我也没有理由去责怪他对我的官方。此刻病房窗外，炽热的阳光、浓密的树荫还有悦耳的鸟鸣，我的心却是那样的空，伸手去抓透过纱窗射进房内的光线，握紧、松开，却依然空无一物。

那一刻我就知道，或许欧小川就像这病房里的阳光一样，看着离我那么近，可实际上，离我，又是那么的远。

4

后来为了庆祝我顺利出院，艾小棋把一张《疯狂动物城》的电影票递到了我的手上，我一开始并没有接，“欧小川最不喜欢看的就是这类幼稚的动画片，我……也要……不喜欢看……才行呀！”

“那你自己到底喜不喜欢？你只需要告诉我你喜不喜欢？”艾小棋说最看不惯我这副像受气的小媳妇儿的模样，在终于得到我的肯定答复之后，恨铁不成钢地说：“那不就行了！”

电影着实很精彩，最重要的是，看电影的过程也很快乐。但在电影院门口目睹的一幕却让我如堕冰窖——我在新一场排队进场的人群队伍里看到了欧小川，还有他旁边的那个女生——那个叫乔佳琪的女生我们都认识，是隔壁班的班花，年级公认的古典才女，据说最喜欢《红楼梦》。

“真奇怪，他们怎么会在一起，难道……”艾小棋想要冲过去把欧小川抓过来质问，我慌忙间拉住了她。

原来他并不是不喜欢看这类电影，更不是不喜欢不读《三国演义》的女孩子，一切的一切，都是因为他不喜欢我！更何况，这几个月不过是我的一厢情愿，他连一句“我喜欢你”都没说过。

应该是我领会错了他的意思吧！把他对我讲解“三国”的只言片语都错解成了情意，而我才是那个最喜欢《红楼梦》的女孩子啊。我才是那个最喜欢看动画电影最不喜欢吃青椒也不喜欢吃辣的我自己啊!

我慢慢地蹲了下去，把头埋在手掌里，半晌才抬头：

“小棋，我有点儿累了，我们走吧……”

艾小棋帮我擦掉眼泪，“傻瓜落落，我早就跟你说过啊，有一种喜欢，是强求不来的。”

我何尝不知道，喜欢一个人，不能低到尘埃里，不能把自我都失去，可是，当我深陷其中，明明知道那就是一个迷人的陷阱，我依旧要往里跳啊!

影院门口的事情我从没有告诉过欧小川，但从那以后我像一只刺猬，更像一支自动屏蔽信号的雷达，那些年级里都在传的欧小川和乔佳琪的“才子佳人式爱情”的说法，我都不想听到。他还问过我《三国演义》后面的还没讲完呢，没关系吗？能不能理解？语气一如以往的官方，如果但凡他有一点点对我比对别的女生不一样的感觉，都会察觉到我的疏离，然而他并没有。我只是把他借给我的笔记本还给了他，谢谢你，真的不用了——真正的原因是，因为我真的不喜欢《三国演义》，我只是因为喜欢你而喜欢那本书，而已。

5

那一场如飓风一样对欧小川的暗恋和接近，更像是热伤风，来得那么快，去得却是那么慢，以至于以后我一看到《三国演义》都会想起他，看到“岳麓”也会想起他，跟别人说我不吃青椒更会想起他，火锅聚餐时我从来都不去也是怕我会想起他……

但是那种为了自己喜欢的人而去做不喜欢的事情，那种纠结和挣扎，我不再想去体会。因为我相信时间的力量，相信真正的爱情，它一定会让我遇到让我们两情相悦、互相倾慕的真正的那个人。

他会让我相信，真正的喜欢，从来不会像奔跑的万米马拉松，更不会让我看不到终点，而是会牵着我的手，以更加坚定的脚步，一起走向那个美好的结局。

所以现在，我要在遇到真正的那个人之前，先变成最真实的那个自己。

暗恋有时道阻且长

檐　萧

1

四月天的北方，晴空朗朗下，柳絮飘了满城。

眼前递过来一张花花绿绿的外卖传单时，许研正在和十分钟前就差两分钟到的哥们儿掐架。阴影斜斜横在他面前，抬头时一团柳絮从眼前飞过。

江小寒接触到他的目光畏畏缩缩地低下头，被风吹得乱糟糟的短发间沾的一团团毛絮飞起两朵，宽大的黑色上衣也点点白光，如果忽略那副犯错模样，会意外的有些萌。

许研翘翘嘴角想，她之前好像说了句，什么新品八折？

在那只纤细的手臂犹豫撤回前，许研伸手将传单抓过来，对角被捏得满是褶皱。

而后目光开始跟着江小寒转动，一看就是新手，大多时候她都像跟电线杆子，傻愣愣地矗在广场门口，面对人来人往的客流，看似气定神闲地审视过往人群，实则每次递出去一张传单后都要暗暗地松口气。

像许研猜测的那样。

江小寒从上个月开始，每周日流窜在城市各大角落发传单。广告上的内容从咖啡店新品打折，到外卖单上的咖喱土豆、麻辣香锅，无一例外都是江小寒喜欢吃的。可以说“望梅止渴”是江小寒在这个兼职工作中能获得的唯一乐趣。

作为一个性格内向，说话蚊鸣般的姑娘，发个传单硬生生地被江小寒做出一副被逼就犯的姿态。看着怀里剩下的厚厚一沓传单，江小寒紧张而谨慎地盯住过往人群，动作和地下党员接头寻找暗号目标时极其类似。

许研迎风抓了一朵毛絮，对江小寒没有认出他的事既往不咎，得意地对刚好看过来的她招招手，江小寒迈着小碎步递给他一张传单……

许研挑着眉毛，你现在收回去还来得及？

江小寒抬头看他一眼，像受到惊吓一样，迅速地伸回手臂，低着头红着耳朵小声嘟囔了句什么。

许研从鼻子里发出一声哼，如果你请我喝杯奶茶，我就帮你在十分钟内把传单发完。

江小寒的眼睛里飘过一丝期待的光，然后在许研“快点儿拜托我”的眼光里，快速摇摇头。

许研一把抢过她怀里的多半传单，气呼呼地说，小气鬼。

2

教室外，春林初生，海棠花繁繁。

许研正发呆，听到熟悉的声音看过去，果然，坐在角落的江小寒被拎起来回答问题。

此刻，班上大多同学的表情和许研类似，保持一种发蒙的状态。老师无奈，她音量很小，不得不走到跟前听答案。许研清楚地看到，江小寒抬头看到老师走下讲台的那一刻，眼睛瞬间睁得很大，像兔子受到了惊吓。

许研不厚道地想笑。当然像他这样张扬的少年根本不能理解内向少女的病症。不是因为不能确定答案是否正确，也不是怕被责罚，是在面对众人的眼神对焦，心里会生出许多许多莫名的慌张，把原本笃定的答案半路拦截，如果细听，连声音里的波动都衍生出慌忙。

可是，许研很早之前明明见过她的另一种模样，活泼的、意气风发的。现在呢，像活泼乱跳的小兔子被捉到了笼子里。

许研有学霸标配的好头脑，仗着职务之便，迅速地把座位挪到了江小寒后面。满分当无敌，何况颜值即正义，换座位这种小事在许学霸看来轻而易举。

不过，这个学霸有点儿吵。

好似换了座位，视野开阔，心情明朗，许研课上积极发言，课间主动帮新同桌解题，众人纷纷表示受宠若惊，唯独江小寒像老僧入定，半点儿声息全无。

许研自习课忍不住投过去一个主动的眼光，发现她一脸苦大仇深地对着课题咬着笔头。于是和同桌争论小说《笑傲江湖》里谁最厉害时，假装手滑，课本好巧不巧地丢在江小寒桌上。好在他的用心良苦终于被发现，那道题的解析步骤清晰明了地暴露在阳光下，江小寒扯过他的课本自己研究了起来。

许研怨念地看着她挺直的后背，暗自懊恼不该从调到这个座位，就刻意把作业写得干净整齐。于是只能伸出手指戳了江小寒一下，在她回头的瞬间，表情里写满了我是学霸，快来问我，奈何江小寒的视线里，只看到少年白衬衫上沾的一粒鲜红辣椒籽。

许研愤愤地踢了一脚桌子腿，决定再也不理江小寒。偏偏习题作业，课堂笔记照旧会因为各种事故手抖而掉落在前桌。

江小寒性格有出入，并非智商欠缺，知道许研是在帮她。偶尔视线对上，会嘴角弯弯地对他笑笑，有时候许研会丢给她一个耍帅的姿势，有时会哼一声表示不屑一顾。

相处久了，自习课做题时，江小寒习惯自己先思考，虽然大多时候磨磨唧唧要好久，最终还是回头问许研。有时候他的声线里跳动着音符，也有时候不耐烦地骂她：“哎，这个题我都讲了两遍了，你脑容量也太小了。”心情好则低头再耐心讲一遍。这种精分症状让江小寒感慨，真是男人心海底针。

被许研怀疑有选择困难症的江小寒，成绩一直动荡不安，作业本上被改来改去字迹一塌糊涂，好在自从有了许研的答案做参考，脑细胞不知省了多少。不知不觉间，江小寒有不明白的问题就回过头，不管许研在睡觉，还是戴着耳机听歌，一指戳过去喊醒。假如他课间不在，就扯过许研的课本自行翻阅，许研骄傲地抗议，假如别班女生给写的情书夹在课本被看到呢，怎么赔!

江小寒很狡黠地笑了一下，像很早之前，许研很早之前见她时那样，弯弯的眼睛里盛满了星辰的光，笑起来有温暖天下模样。

3

初夏时，江小寒的短发扎成马尾，露出白皙的脖颈，背挺如松，俨然一副学霸的标配姿势。

自从上次月考，江小寒和许研总分差二十分之后，一改从前畏畏缩缩的作风，仰头嚷着威胁他，小心被反超。

彼时，许研和江小寒并肩骑车回家，刚好处在一个将要下坡的柏油路口，听到威胁时，丢给她一声轻哼，猛然用力迅速地超过她，快速冲下坡的同时，迎风站起来大声呼喊。槐花掉落了几瓣，带着清香吹到出门买菜的老奶奶竹篮里。

江小寒蹬着小短腿在后面追啊追，气喘吁吁地看到许研躺在街边公园的草坪时，很想把自行车丢他脸上。

而许研酝酿了好久，苦于缺少经验，又没有正当理由，于是一路欲言又止。此刻，见江小寒气呼呼地奔过来，一时慌张伸手把礼物丢过去，说：“送你的。”

说完，向着夕阳余烬那头，逃命似的离开。那些想过百遍的理由，一个都没用上。

江小寒望着他逃窜的背影莫名其妙地想笑。

拆开牛皮纸包裹的礼物，是一件浅灰色的琴囊，上面手绘画着一串串的浅紫色花朵。夹在其中的卡片写着，“我相信十七岁的你是世界上最富有的人，拥有梦想，时间和人生无数种可能性。关于过往，愿你已放下，常驻光明里”。

江小寒忽然有点儿想哭。

几年前她才是那个众人津津乐道交口称赞的小才女，从小跟着外公修习琴棋书画，养出一身才华和傲气。十五岁曾负气替人参加一场比赛，复赛弹错音正慌乱时，余光看到裁判惋惜地摇摇头，瞬间慌乱溃不成军，曲不成调。当初千言万语拜托她替考的阿姨家，也指责早知如此，还不如让我们家女儿朗诵诗歌呢，什么小才女，徒有虚名。

她心里藏了几年的骄傲，被人轻易否定。在这小小年纪看来，连旁人的眼光都掺了异样。于是此后从不在众人面前畅谈，不敢大声言语，懦弱和无措争先恐后地跑出来，整日背负着幻想的猜疑活得小心翼翼。也不是没有讨厌这样的自己，于是想挑战自己，发传单，练习和人搭讪，接受来往路人的眼光，却始终没有做好。

班里被众人拥簇的少年，她当然也知晓，暗地里不知偷瞄了多少眼。只是从没有想过那个温暖的午后，许研会向她招招手，会在往后的很多时日里一步步带着她，走过质疑，卑怯，战胜过往的泥泞。本以为是独自一人与生活对抗，却原来有人知晓她因过往生出的懦弱和无措，乐意伸手，送给她信心和自我。

春光无限好，未来还有大把大把的时光。

4

后来啊，哎，“许研我顺下来一个新曲子。”

不听，犯困。过一会儿，人头凑过来，“什么曲子啊？”

“不告诉你。”

于是在各个学校开展文化艺术比赛时，许研偷偷地给江小寒报了个名。

就这样，慌张的江小寒半个月没在他眼前晃。比赛那天，江小寒穿一件温柔的杏色连衣裙，许研坐在第一排举着俗套的“加油”横条，目光却笃定地看着她，直到最后一个音符，掌声雷动。

校报后来刊登了整个篇幅的比赛内容，其中一篇江小寒在结尾时有写一句：我也很高兴，是你看我长成想要的模样。

许研看到，傻笑了一整个夏天。

石　头

遐　依

那是一月一日的夜了，红场上的跨年刚刚结束。

我从红场出来往外走，在这条路旁望见了那个男人。

他坐在人流以外远处的雪地里，雪地平坦而空旷。他佝偻得像一块石头，白色的雪里，黑色的石头。

我停下来，犹如沙漏里，一粒粗糙而直径过大被卡在漏口的沙。同伴推一推我，催我快走，大晚上的，不安全。我费了一番口舌，终于将她劝走。

她妥协时，神色担忧地望了我一眼。我笑一笑。

我并不知道自己在原地站了多久，只是最终察觉身旁的细沙都流逝殆尽，只剩我突兀地站着了。严寒从地面侵入我的双足，浸入我的骨头。迈步时才发现脚的麻木，我哎哟一声，摔了一跤。

然而寂静如湖，一粒沙的坠落声被立刻吞没，恢复如初。

远处的石头一动不动。

我爬起来，慢慢挪过去，渐渐看清了他乱糟糟的金发和破破烂烂的黑棉袄。那棉袄在男人腋下处张开的大嘴，吐着雪白的棉花。再靠近一点儿，我发现他的下半身几乎已经与雪冻在了一起，凝结在地面上。

这时候，下一场大雪还未降临，这些将他冻住的雪，已是去年的旧雪了。

我在他身旁蹲下，他没有说话，甚至没有偏过头来看我一眼。我疑心他是不是已经死了，便瞟了一眼，那双浅蓝色的眼睛直直盯着什么都没有的远方，让人惊心，如清冷的月夜，又或是西伯利亚的严冬。

我战栗一下，起身小跑到最近的超市买了一瓶伏特加，打开，一边走一边小口地啜，回到方才那里，把酒瓶递过去。

“请你喝。”我说。

他迟缓地移动视线看了面前的酒瓶一眼，没有接受，也没有拒绝，然后又恢复为一块凝视远方的石头。

我收回手，将酒瓶放在他身旁的雪地上，环顾四周，去路边搬了块石头来和他并肩坐着。

我等到了新年第一场雪的降临。

雪，铺天盖地，令人无处遁形，是最细密的网，是最坚固的囚笼，温柔地捕获无家可归的困兽。

我不知道那个流浪汉是怎样接近我们的，我丝毫没有察觉。所以当他猛地推开我，抢走那剩下的半瓶伏特加的时候，我吓坏了。

但那块石头竟然动了。我是说，大的那块。他倏然捉住了抢劫者的手腕。

我坐在雪里，那一刻，下意识想到的却是捕兽夹收拢的闷响。他抡起的拳头落向那人的面部，我看见肮脏而闪烁着畏惧的人脸。

大幅度的动作，让冰与雪从他身上落下，发出簌簌的声响。

嗷的一声痛呼，惊醒了我，我想，原来他也不是真要拒绝这瓶酒。毕竟，这东西至少可以帮他扛过这个晚上。

更多的雪，落下来，可能还有棉袄里的棉花，混着喘息产生的白雾，在宏大的雪幕中形成了一个小型的雪幕，遮挡了我的视线。

两人没有纠缠太久，他穿过雪幕走回来时，手上拎着酒瓶。他是胜利者。

他把酒瓶放回原来的位置，坐下去，继续做他的石头。

胜利者并未享用他的战利品。

雪在夜里降临，也在夜里撤退，鸣金收兵，不追穷寇。

夜深到极处了，灯光退避三舍。天地两色，黑白对峙。而我们，两粒沙尘确定了一条直线，是黑白的边界。

这个时候，我看见他动了，这个晚上第一次主动的动作。

他深深俯身，捧了一捧雪，合掌压为冰，冰渐融为水。他仰头喝下去，喉结滚动，犹如渴极了的旅人终于走到终点。

我忽然被巨大的恐惧攥住了，重重拽开他的手。他手中的冰已饮尽了。

他偏过头，在我担忧的目光中，笑一笑。

我霎时被扼住了喉咙。

他转回去，那双浅蓝色的眼睛仍然直直望着什么都没有的远方，如清冷的月夜，又或是西伯利亚的严冬。这双眼睛即使笑，也绝望，让我想起那句：睡在哪里，都是睡在夜里。

这眼睛的主人，就在夜里，悄无声息地，睡了过去。

后来我曾无数次追问自己是否给予过他这人世间最后一丝温暖？他最后给我的那个笑容的含义，无从知晓。有次甚至蠢到询问那晚先走的朋友。她担忧地看着我，说，你是不是冻傻了，看到的是人冻死后的“苦笑面容”吧？

我笑一笑，摇摇头。

当锋芒毕露的朝阳终于打破黑与白的分庭抗礼，晨光让黑暗溃退，我再看他，他已经阖上眼睛，仿佛熟睡，额头到下巴那条分明的折线，被和煦的晨光隐去了。

我此时才明白，他一直在望着什么——远方不是什么都没有，那个方向有明天。他望着的方向，会有太阳升起。

而他永远睡在夜里了。

在这最后一夜，他以一块石头的姿态，昭示了他的尊严。

我起身，倒退着离去，看着他的背影被万丈光芒一寸一寸吞没。

我们就此从彼此人生中退场。

只是偷偷地喜欢你啊

他的座位靠窗，那时的每天下午，我都会假装若无其事地去看那扇穿透了阳光的靛蓝色窗帘，一看到他埋头写字那张沉静坚毅的脸，即便再有凉爽的穿堂风吹过，那颗心仍会躁动不安，就好像有个天大的秘密被人揭穿。

我的青梅竹马，你的两小无猜

陈呵呵

有难同当

奶奶家坐落在一座僻静的临海江南小镇，傍水而建的碧水巷，缱绻而过的穿堂风和巷子口五毛钱两根的白糖老冰棍，是我最原始的童年回忆。

而后来的回忆，怎么都绕不开一个人，那就是阿乾。

那是一个傍晚，早早吃过晚饭，我便急匆匆跑去碧水巷找新结交的小伙伴们玩《还珠格格》角色扮演。然后阿乾就是在我因为跑得太急即将摔倒之际，英勇伸手解救我于“水深火热”之中的英雄。

英雄阿乾和我一样，都是被父母送来老家避暑的。我将阿乾引荐给小伙伴们，经过一番简单的自我介绍，一个女生凑过来跟我咬耳朵。

“小可，咱捡到宝了！你不是一直想泡花瓣澡引蝴蝶，可是没有花吗？镇上那个花园里种满了月季的漂亮房子，就是阿乾家。”

第二天，我泡了个美美的花瓣澡，顶着烈烈骄阳跳了大半天新学的芭蕾，别说蝴蝶蜜蜂了，连蚂蚁都没有，倒是树上的知了不知疲倦地叫得更欢了。

“不玩了不玩了！一点儿也没意思！”我鼓着嘴巴发脾气，阿乾一边给我递白糖老冰棍一边安慰我：“别急别急，我明天再弄一些花瓣来，我们再坚持看看。”

因为阿乾的坚持，我又试了几天，可是还没等我引到蝴蝶，先中暑了。

奶奶用新鲜药草混合着白酒帮我擦拭身体祛暑，越用力越有疗效，所以奶奶下了重手，疼得我哇哇叫，那时候我发誓，一定要让罪魁祸首阿乾也尝尝这皮痛滋味。

第二天，小伙伴们来看望我，却不见阿乾的踪影。他们这才告诉我，阿乾偷花的事情败露，被他那把一园子花花草草当宝贝的爷爷打得屁股都要开花了。

我一点儿也不内疚，反而觉得很安慰。

所谓朋友，不就是有难同当的吗？

日光漫长

遇见阿乾之后的很多年，每年暑假我几乎都是在小镇和他一起度过的。

昔日一同嬉笑玩闹小伙伴们，有些去了远方求学，有些搬离了小镇，有些不再联系逐渐疏远，却唯有阿乾，他一直都在我转身可以看见的地方，陪伴了我整个童年和花季。

小镇每隔一段时间都会请放映队来放电影，地点就在碧水巷尽头百年槐树下的空地上。影片都是一些我不感兴趣的抗战题材，阿乾却看得津津有味，我不能一个人无聊，所以总是捣乱。为了稳住我，阿乾想了很多办法，最后还是只有零食能制止我的不安分。

阿乾对此很无奈，他总是说：“小可，女孩子不可以这么贪吃。”却又在每次电影开场前准备好一大堆的零食给我。

不管是糖果还是汽水，都是我最爱的口味。

那么了解我的阿乾，我总觉得，我的体积之所以会在青春期像掺了发酵剂似的迅速膨胀，他“功不可没”。

可是那又怎么样呢，有阿乾在，我什么都不怕。

我还记得那是初二的暑假，距离开学仅仅只有一周，我却因为觉得日光漫长，把成堆的作业全扔在了一边，等记起来时才发现，时间早就在我嬉皮笑脸赖着阿乾带我去钓鱼爬山的日子里悄悄溜走了。

“别拿这种眼神看我，我不会帮你写的。”阿乾转过脸，对我的“卖可怜”战术采取无视措施。

一计不成又生一计，明知道激将法对阿乾不奏效，我还是忍不住哼道：“你该不会是不会写吧？堂堂准高中生不会写初中生的题目，可是很丢脸的哦。”

阿乾默默看了我一眼，然后很无奈地叹了口气，“我陪你写，不过我不会给你当枪手，你先把会的写了，不懂的圈出来我慢慢给你讲解。”

本回合我赢了，我开心地比了个胜利的手势，然后在阿乾的监视下花了五天的时间把作业全部搞定，奶奶乐得直说“在这个世界上只有阿乾能治我”。

不属于我的童话

即便隔着时光的河流，我却仍能透过记忆，嗅到那些年碧水河畔晨露的清新味道。

那时候的天空很蓝，白云很白，湖水很清，月季很香。我总是逼迫阿乾骑单车载我穿过小镇植满香樟的大道，想象自己是偶像剧女主角，在那里邂逅帅气的男主角，开始一段美好又纯真的爱情。

阿乾总是一边说我无聊，一边认命地陪我玩这个幼稚的游戏。

总是对我宠溺的阿乾，他一定不知道，我所幻想的每一幕男主角，都是他。

是了，他怎么会知道呢，我从来不说，阿乾是不可能知道的。我们离得如此之近，近到如此了解彼此，了解自己在彼此心目中的位置。

可是是从什么时候开始的呢？我不再是阿乾的唯一。我经常看到他静静坐在那里，握着他不知从哪一年开始挂在脖子上的吊坠，怔怔望着一个地方，时而蹙眉时而微笑，好像在烦恼什么，又似乎是甜蜜的烦恼。

我觉得自己被背叛了，就好像本来属于你的东西，突然有了自己的思想，不再受你的影响。我知道这比喻很不正确，可我确实讨厌那种感觉，却又因为一种莫名的胆怯不敢当面问他，大概是害怕吧，害怕一个我不想承认的答案。

可是，该来的还是会来，人再怎么绕终究绕不过命中注定。

那年夏天，小镇遭遇了一场超强台风，碧水巷坍塌成一片废墟，镇上大半居民搬离了故土，奶奶却坚持留下来，她说她的一辈子都藏在这里，如果走了就没人帮她守着了。爸爸妈妈让我帮忙说服奶奶搬来城里和我们一起住，可我的内心却是矛盾的。

一边想让奶奶安度晚年，一边却舍不得和阿乾分开。

带着矛盾，我去了阿乾家。

在那个常年月季飘香的花园，那只属于我的单车后座，坐了别的女孩儿。

她有柔软的长发，笑起来脸颊有两枚甜美的酒窝，细声细语，阿乾微微侧脸听着她说话，两人笑得眉眼弯弯，画面美好得像一帧童话，却是不属于我的童话。

我想了很久才想起来，她有一个动听的名字——许艾杉。

我的青梅竹马却成了她的两小无猜

关于“许艾杉”这三个字，我的记忆中枢是默认屏蔽的。

原因无他，只因我那么宝贝的青梅竹马，最后却成全了她的两小无猜。

不记得是哪一年的夏天，我因为跟着爸爸妈妈出国旅游而没有回小镇，也就是那一年，许艾杉跟随父母搬到了小镇。

起初我对许艾杉是抱着友好态度的，因为她是那种我想要成为的女生。

写得一手漂亮的毛笔字，会画画会拉小提琴，声音细软又清丽，说出的每一个字都让人觉得悦耳动听。

直到阿乾不再天天找我玩，而是和许艾杉一起上山写生，我才意识到，许艾杉是危险的，她的存在会剥夺阿乾对我的关注度，所以我开始对许艾杉的存在视若无睹。

明明是三个人的电影，我却只顾着和阿乾说笑谈天，丢许艾杉在一旁望着星空出神。

我因为贪玩耽误了写作业，阿乾陪了我五天，其实许艾杉也跟了五天，只不过每当她想接替阿乾给我讲题让他休息一会儿时，我总是扭头不理她。

我强迫阿乾踩单车带我兜风，许艾杉也是远远跟在后面，也不说话，只是静静看着我们。那时候的阿乾是我的偶像剧男主角，可在阿乾心目中，许艾杉才是他的最佳女主角。

我那么想要忘记的真相，最终还是被摊开来曝晒在阳光下，逼着我不得不去面对。

阿乾挂在脖子上时常摩挲的那个吊坠，是许艾杉亲手制作的，本来是一个杯子，不小心摔碎之后被阿乾妈妈当垃圾丢了，阿乾只找到了一块遗漏的碎片，便找了店打磨光滑扎了孔一直当宝贝贴身戴着。

因为我，因为顾忌到我的心情，害怕我受伤，阿乾一直不曾吐露心声。他只是在无人的时候，默默地，默默地注视着许艾杉所在的方向。

唯一的错，就是太过疼爱我

是许艾杉先发现我的到来的，他们俩望着我有些手足无措，就好像两人共同的秘密被人发现了，还是被我给发现的。

阿乾嗫嚅数次，终究是什么也没说，只是握紧了许艾杉的手。她看了看我，最后还是挣脱开了。

我对着他们笑了笑，“我是来告别的，我奶奶要搬去和我们一起住了，所以我以后大概都不会再回来了。”

是的，就在几个小时前，奶奶终于同意了爸爸妈妈的提议。

“小可，对不起……”阿乾的眼中又流露出了我熟悉的疼爱，只不过还夹杂了些许的愧疚。

其实一直都知道的不是吗，阿乾他只把我当妹妹宠着疼着，却是我，错把宠溺当任性的资本，只管活在自己的世界，不顾他人感受。

所以阿乾，你不需要道歉，你没有错，唯一的错，大概就是太过疼爱我。

我只是希望，在很久很久以后，如果我们还有机会遇见，能云淡风轻地谈起那年的碧水巷，那年的你和我。

到那时，我一定已经学会长大。

阿三跟她的暗恋男

方 悬

高三的时候，阿三喜欢上复习班的一个男生，每天拉着我在课间跑到走廊上看他。

他今天穿了一件白衬衫，太帅了。

他今天穿了一件花衬衫，我去，好娘。

他今天，哎，他今天没来。

我突然成了她分享这件事的第一人选。

因为，我在复习班有认识的朋友，H。

阿三告诉我，有一次考试，从三楼的走廊上来，刚好看见他倚在窗台抽烟，他吐烟圈的样子实在太帅了。

我说，吸烟有害健康。阿三沉默了。

我又问他是文科的还是理科的。

阿三说文科的。

鉴于我经常去复习班找H，所以复习班的人都认识得差不多了，反正总共也才十三个人。

阿三说，他很高，帅，穿衣服特有型。

我告诉她那我知道是谁了。

真的吗？他叫什么？

（就叫他×××吧，我忘了他的名字，只记得是三个字。）

×××，不过，他有女朋友的。

哦。没关系啊，我又不是要追他。阿三低下头说。

后来，只要一下课，阿三和我就会在窗户那里往外看，摘下眼镜的我对楼下的世界一片模糊，人们在我眼里雌雄不辨，没什么差别。那种感觉就像小时候看的闭路电视，没闭路的时候，屏幕便是黑白相间的小黑点儿。我常常幻想，这时候可能演打仗呢，两军交战，黑白两方。所以我对着满操场的小点们只能扶额感叹：好想回到小时候。所以阿三只能向我转述他的情况：他打篮球了，他总是逃课，他早餐买的蛋包饭。

“呃，蛋包饭，我每次吃都拉肚子。”我说。

“哈哈。”

暗恋这件小事，对于阿三和×××一点儿影响都没有，因为×××压根就不知道这档子事。但是我跟阿三的友情倒是突飞猛进，短短几天就已经超越了之前高中两年半的总和。

阿三总让我讲讲他的事。

嗯……帅，很帅。

其他的呢？

女朋友很漂亮。

你见过啊？

没，照片贴在桌子上的，上次去看见的，我和H在他的桌子上吃的泡面呢。

唉，真好。阿三一脸向往地感叹着。

我说，喜欢你就去追呗。

阿三告诉我她也不确定是不是喜欢，一开始只是觉得长得帅，可是听你说他，感觉挺不一样的。想多了解了解。

问题是你俩都不认识，怎么了解啊！

我和阿三继续在窗台处偷看他，他不出现的时候，我们就讨论一下考什么大学，学什么专业，以后干什么，有时候也在晚自习的时候下楼走走，绕着运动会后留下的跑道线，一圈一圈走着。从厕所出来去不远处的卖店买两根真知棒，她吃苹果味的，我吃柠檬味的。无聊得紧了，就猜拳背人，剪刀两步，布五步，石头十步。有一次她背我走十步的时候被同学看到，跟我说："你欺负阿三，你那么大只。"喂，我长得高不代表我胖好吧。

阿三告诉我她确定了，她喜欢他，第一次有这种感觉。我说我陪你去找他吧，阿三刚开始出于女生的矜持还不同意，经过我几番游说才勉强点头同意去看看。

走到三楼，阿三停下了，我说："走啊。"

她很疑惑，到了啊。

我说，这是理科复习班。

啊？我以为这是文科复习班。

我俩不可置信地看着对方，然后停顿了一会儿，大笑起来。

两个班级，两个都很帅的家伙。误会。而我从没去过理科复习班，所以压根不知道这号人物的存在，理所当然地将文科复习班那个帅哥代入了这段频频出错的暗恋里。

那你认识这个吗？阿三充满希望的目光让我很不好意思说出这三个字——不认识。

哦。

我们还是在课间趴到窗台上看他，我闭目养神，阿三向我转述他的最新情况。只不过×××不是他的名字，他有没有女朋友我也不知道，我更没有在他的桌子上吃过泡面。我们还是会在晚自习后散步，玩猜拳背人，后来发展到一张床上睡觉，因为那晚寝室惊现老鼠，她住下铺害怕，就过来跟我一起睡。

她说，我喜欢跟你聊天。当时我们俩在一张床上拿着手机跟彼此发QQ，像两个神经病。

她对他又一无所知了。我觉得吧，我得帮帮她。跟H去书店的时候，问起来。她说："啊，知道，叫郑××。就叫他郑吧。"我说再跟我说说他。H便说起来，没有什么事，因为他俩也不熟。回去跟阿三提起，阿三什么也没说，分给我一根真知棒，俩人对着月亮又感慨起来。

我说："那你还想认识他吗？"

"不想了。"

"那你还喜欢他吗？"

"嗯。大概我是一见钟貌吧，这种等级的帅哥，欣赏就好啦。"

后来，高考这个张牙舞爪的怪物袭来。不过在那之前，我陪阿三去了趟商场，买考试穿的衣服。我们买了一样的懒人鞋，她的粉色，我的蓝色。然后出门，门口站着一个帅哥。阿三像没事儿人一样目不斜视地走过，然后告诉我那是郑。我感叹了一番造物主的不公平之后不淡定了，问她:"就这么走了？"

"那还能怎么样？"是啊，还能怎样？考完大学，连偷看的机会都没了。

考试那天，我跟×××一个考场，那个被我们错认成郑的帅哥。

他今天穿的红裤子，花衬衫。

"好娘。"阿三说着，然后跟我告别。

一切都结束了，学校的操场上满是我们扔的书本和撕碎的卷子。

去你的亚热带季风气候！

去你的部分和整体的关系！

去你的王安石变法！

去你的高考！

后来，成绩下来，我们毕业时的疯狂全被愁眉苦脸取代了，填报志愿时，阿三和我又一次站在窗前，我突然发现，操场上全是我不认识的脸，闭上眼，脑海里浮现的全是阿三跟我描述的郑的样子，白衬衫、花衬衫、篮球、蛋包饭。

"听说他考了二百多分。"

"专科都上不了吧。"

"那上什么？"

“有民专吗？”

“不知道啊。”

然后，散场。

很久以后，偶然点开阿三的头像，照片墙是她和现在的男朋友。两人亲密地靠在一起，挺幸福的样子。挺好的。

许久不见，甚是想念

Disappear

捧着糟糕得不能再糟糕的成绩，踩着班级队伍的尾巴，我踏进了高二文科强化班的大门。填报分科表之前，七大姑八大姨说拒绝文科，否则工作难找。一向心高气傲眼高手低不屑于学文科的我瞅了瞅物理和化学的分数，还是很没底气地填上了“历史—政治”。

作为强化班“拉平均分的人”，我对这个男女生比例为一比十一的班级并没有多大兴趣，只是觉得从此以后我生活的颜色被稀释了，寡而无味。直到我们的几位萌师出现。

语 文 篇

语文老师姓王，第一次见面，他是这么不避嫌地自我介绍的，名字单一个帅字。讲诗歌鉴赏的时候，他说古代称呼人呢，是把姓放在前面，接着是官职，然后才是名字。如有个侍郎叫李进，我们就称他为“李侍郎进”，以此类推，那你们应该叫我什么呢。一个男生站起来说，王老师帅！语文老师满意地点点头说，社会上就缺少像这位同学一样诚实的人，坐下吧，你的前途无可限量。

语文课上印象最深的是话剧《雷雨》中繁漪的一句台词：“小心，你不要把一个失望的女人逼得太狠了，她是什么事都做得出来的！”当语文老师在黑板上写下了密密麻麻的假期作业时，下面的女生异口同声喊出了这句经典台词。吓得老王手一抖，掉了粉笔。他颤颤巍巍地转过身来，拿着腔调说：“家门不幸啊，你们这些不孝子……”

政 治 篇

政治老师是个喜怒无常的人，上课时点名回答问题时会喊：小A……的同桌！小B……的后桌！小C……的前桌！课上他没有按常理出牌，他说吴悦，请你回答一下我刚刚的问题。那女孩儿估计是上课打瞌睡的缘故，睁着蒙眬的睡眼支支吾吾说不出话来。政治老师说：“好，那请吴悦的反义词来帮忙回答。”全班寂静了。他说：“丁永乐，喊你你为什么不站起来。”然后又有一个一头雾水的女孩儿站了起来。他开始一本正经地胡说八道了：“无悦”的反义词不就是“永乐”吗。文科班恍然大悟。

政治老师讲到科学技术影响人们的生活时，无限感伤地回忆：他去年有一个笔记本被偷，里面是大量的资料。调监控的时候发现是他的一个学生，头上套着丝袜，一点儿技术含量都没有。他没有打110。他说一旦立了案，那个学生就会面临五年的牢狱之灾，那时离高考不远了，他不愿毁了一个孩子的一生。如果当时会使用云盘的话，就不怕资料丢失了。我们听了一把鼻涕一把辛酸泪，正为他的高尚人格唏嘘不已时，他话锋一转，吼道：“还愣着干吗，快把这个例子记下来啊，就写政治老师的电脑被偷后，学会了使用云同步。”

英 语 篇

英语老师有着瘦削的脸庞，给人一种尖酸又刻薄的感觉，名字中带一个“强”，这里暂且简称“某强”吧。他说英语重在读，要求我们的早读课声音必须盖过隔壁班，也许是因为他个人魅力的原因，班上能听其建议的寥寥无几。某强勃然大怒：“怎么还不开始读，我要默写了！”于是全班书声琅琅。当读书的热情开始减弱的时候，某强继续“恐吓”我们：“怎么停了，我又要默写啦！”于是读书声又上升了一个新高度。我默默地想，这也许比任何苦口婆心的劝说都来得有效。

某强讲到一个英语短语的时候说：“就是那个‘洗头’的意思，叫什么洗头来着？”与他有心灵感应的英语课代表接话道：“是洗心革面吧！”他高兴地直拍讲台：“对的，就是这个！”吃瓜群众：“这语文学的，真的是绝了。”

某强讲卷子时说“You deserve it”是活该的意思。当英语课接近尾声的时候，一同学因吃东西太大声而惊动了他。某强说：“上午我的宝贝茶杯摔坏了，可贵了，心疼死我了。你们今天谁都别惹我。”然后我从来都没见我们班那几个女生这么团结过，笑道：“You deserve it！”

生　物　篇

生物老师与“陈小春”同名，长相却相差十万八千里，因脸上的一颗大痣得名“如花”。生物课上，他问我们是“侏儒症”好还是“呆小症”好。我们面对这样一个高深莫测的问题，无法回答，一个个只能伸长了脖子在“啊？”个不停。他说：“我高估了你们的智商了，那我换个问题啊，你们是想得侏儒症还是想得呆小症？”

小春，换个正常并且通俗易懂的问题吗就这么难吗？

作为江苏省的特级教师，小春却在英语方面才疏学浅。他说：“生物课上，不要提任何与英语有关的问题，否则……我就死给你们看！”全班爆笑，一直默契地配合着。讲到大脑时，他说：“知道大脑的英文单词怎么读吗？”“知道。”他说：“知道就好，不要说出来。”于是全班配合地喊了出来。他说你们城里人真会玩，我不干了，我要回乡下！

历 史 篇

历史老师拥有一百六十斤“前凸后翘”傲人的身材。文科班的女生才情四溢，给他取了一个高端大气上档次又格外有情调的绰号名为“壮壮”。壮壮说他上学的时候，每个星期都要交一篇小论文。当时年幼无知，字识得又不多，每次写的时候都抄报纸，连页眉页脚上的小字也不管三七二十一一并抄上去，尽管不明白那是什么意思。有一回被老师找了，因为他的小论文结尾是这样的：我代表北京大学哲学系，下转第五页。

别看壮壮和蔼可亲的，拖起课来可不含糊。有时因为天气的原因跑操被取消，其间的二十五分钟全成了他的囊中之物。班主任老王眼红了，在门口转悠个不停，一会儿就很大声地接个电话，一会儿就把头探进窗户里瞧瞧，意思是能否下课了。壮壮最会装傻了，打开门堆起满脸的笑容问王主任：“你有什么事吗？”老王一脸尴尬，“没事没事，你继续。”

元旦晚会的彩排上，英语老师参加了舞龙的表演，壮壮也去观看了。回来后他一脸羡慕地和我们说：“瞧瞧那些跑龙套的……”

后 记

原以为选择文科是一个错误，其实不然。

感谢上苍让我遇见了你们，我的高二，无悔也无憾。

后来的后来，尽管洪流碾过，巨石平偃而下，那段时光始终清亮如诗，于清风山泉中，无改于岁月。

2017，愿你们安好。

合唱团的故事

亚小诗

外号男孩儿

我叫舒昌，大家比较喜欢喊我的外号——水床，因为我胖，是班上吨位最重的男生。我有着与生俱来的啤酒肚，但我不爱喝啤酒，女生们都跟我玩得好，课间还喜欢来捏捏我的肚子，感叹它又大又软真像一个水床啊，被捏的时候刚开始还有点儿痒，现在似乎习惯了。我和我的大肚子水床和睦相处，可惜我柔韧度不够，没法枕着它睡觉。

上天还是眷顾胖子的，给了我过多脂肪的同时，也给了我乐观好性格，还有天生的好嗓子。我肺活量大，声音洪亮又浑厚，从小就被挖掘出了歌唱天赋，大小晚会都有我的份儿，我也从来没让大家失望过。同学们赞许我是下一个刘欢，也不知是不是单纯觉得体型发展趋势像呢？我是否要为此而去留长头发？管他呢，唱得开心就好。

人群中的声音

合唱团是这所大学的王牌社团，不仅在学校上百个社团中遥遥领先，甚至在全国范围内都有一定的知名度。而我，一个吨位很足的胖子，是这个很棒的合唱团的主力，一个优秀的男高音。

合唱团活动不是特别多，不会耽误学习，除非有演出，一般情况下，我们一周练习两次。两次，对我而言太少了，倒不是对歌唱痴狂，而是，想有更多的时间来看看一个姑娘。姑娘叫艾可，是合唱团里最漂亮的姑娘，我不知道怎么描述她的长相，就是看着很舒服，很想拍一拍肩膀说你好的那种。

她是女中音部的，站的位置离我有点儿远，但我能从合唱中清楚地区分她的声音，那是一种茫茫人海中一眼就能认出的感觉，很奇妙。从歌唱角度来说，她的声音不算特别突出，甚至可以说资质平平，但因为是她，所以有了别样味道。

她跟我一个年级，是文学院的，我们合唱团有两位来自文学院的女生，另一名叫周维，这个周维不得了，个头虽然不高，人也不胖，但声音格外亮，用我们习惯的来说是底气足，如果测肺活量的话，我感觉她几乎要和我有一拼。她是女高音部的主力，唱歌的时候跟我挨着站，她小小的，我胖胖的。总有人戏谑说我们的组合叫作“龙猫和它的主人”。一笑了之吧，我对她没什么感觉，是因为不漂亮吗？我不知道，大概是个先入为主吧，我人胖，但心只有拳头大，心的位置太小，装不下太多的，装了艾可就够了。

尴尬男高音

合唱团的排练，效率很高，基本上人都会准时到，到了就各站其位，指挥的同学手一挥动，我们就开始了。即便我每次故意早到，也没有什么跟艾可搭讪的机会，她不是一个人坐在角落背单词，就是贴着周维好像害怕什么似的。她一个人的时候，我一度想过去跟她聊聊，但无奈合唱团的女生太多，女生嘴杂，我不想别人乱说什么，给她造成困扰。而且……而且还有很重要的一点，我觉得自己有些胖，好吧，把“有些”改成“ 太 ”，我觉得自己太胖，她大概不会喜欢我吧？搭讪被拒绝的话，就彻底没希望了呢，那再等等吧，会有机会的。

周维每天站我旁边练习，练习的空档，我还是有挺多时间跟她说话的，其实说话的目的只有一个，那就是了解周维，但又不好太露骨，我可能会做一些铺垫，例如，你们课多不多啊，班上男女比例啊，有没有班级情侣啊，省份分布啊……你是哪里人？那另外一个你们院的呢……

说了一大串，终于套出了艾可是上海本地人，单身，而周维来自江西，也是单身，后者自然不是重点。

周维也不傻，我问多了，她也察觉了端倪，她属于那种女汉子类型的姑娘，看嗓门儿也知道，她有话就直说，不兜着。她说："你是不是爷们儿啊？这么大一只的人，有话就直接问，绕了这么久的圈子累不累？娘里娘气的。她很多人追的，你啊，没戏！"

这虽然是实话，但她也太伤人了，被直接挑明，我感觉到了羞辱，却又无言以对，又想到话都没开口，就可能被她在艾可身旁对我的议论而印象更差。我情绪的低落使得我接下来的半段练习无精打采，都不知道自己在唱什么。坐在底下的一向很器重我的指导老师，直勾勾瞪着我。人啊，都好现实的呢，如果我唱歌不好的话，在老师的眼中，我也只是一个没有故事的胖子吧。

第二次排练在三天后，一向身体很好的我居然感冒了，我发誓，是真的感冒了，没有任何别的原因，这是一场及时感冒，能让我在尴尬中做个缓冲，我跟老师电话请假了，错过一场练习，妨碍不大，感冒了是唱不了男高音的。

女生来电

鼻子堵塞，躺在宿舍的艰难承载着我的小床上，每次翻身都会有一阵的吱吱咯咯，对于这种无法消除的小噪音，室友们都已经习惯了。

来电话了，是个陌生号码。

“喂，哪位？”我问。

“呃，你没事吧？是不是生我气啊？我那天说话太重了，对不起啊。”是周维的声音，我听出来了。

“是真感冒了，没生你气啊，你说的是实话，我自己也知道的。”

“你这语气，才不是没生气呢。我错了，真的，我嘴巴太毒了，所有人都告诉过我，可就是改不掉。”她态度转变得我有些接受不了。

在我正要很正式地发自内心地原谅她时，她又接着说了一句：“我知道胖子都是很乐观和大度的，你这么胖，肯定很难生气。我能把你气得生病不来上课，我真的是挺过分的。”

哎，神经大条的人，连道歉都说得这么难听……真是彻底无语了，在气氛无比尴尬接下来不知道说什么时，周维开口了，跟我说了一条通知：“你知道吗，咱们合唱团下个月要派人去台湾访问，很棒吧！可惜名额很少，老师只会选一男一女两个优秀代表去，听说你肯定可以，确实，你是唱得最好的。”

“噢，台湾，听起来不错！两个名额的话，你也肯定会去啊，女声部里，你也是唱得最好的。”我说。

“会是我吗？我觉得好多女生都唱得好呢，我不太自信，老师说下周排练的时候会公布名单。”她犹犹豫豫。

“把心放肚子里吧，除非有潜规则，不然一定就是你了。”

“嗯！”

她似乎也没那么讨厌，凶人的时候是条汉子，道歉和犹豫的时候，也像个小姑娘。

排练前的一天，我接到了合唱团老师的电话，她问我：“舒昌，你是哪里的户口？”

“湖南长沙。”我不知道老师为什么要问这个。

“哦，省会城市就没问题，嗯，没别的事了。”说完她就挂了。

这个老师一直以来就是莫名其妙呢，话都不说完，随她呢，可能最近在更新成员资料吧，前阵子不是招了几个新团员吗。

赴台名单

这次的排练，男生跟往常一样轻松，女生群体却弥漫着一种神秘而紧张的气氛，我不知道她们在紧张什么，难道是紧张赴台名单会不会有自己？这有什么好紧张的，肯定是周维啊，她是当之无愧的女生最强好声音啊。

老师很吊人胃口，她说赴台名单出来了，但是现在不公布，咱们今天排练完了再公布。也对，早早出来的话，有一些心怀奢望的姑娘该失落了，失落是没有情绪好好歌唱的，我了解这种感觉，上周我也是这样。

我也莫名紧张起来，虽然我很自信，那个男生名单一定是我，但我在替女生紧张，不，准确说，我不是紧张，只是好奇，好奇女生会不会因为这件事而翻脸呢？也没事，周维的同班同学只有艾可，艾可那种通情达理的好姑娘，倒不会为了这种事情去生气，更别谈嫉妒了，她从小到大，都是被人嫉妒的吧。

老师要公布名单了，我隐约看到了个别女生攥紧了自己的小拳头。女人啊，还真比男生还争一些东西呢，不过台湾确实是一个值得希冀的好地方，学校公派访问，这简直就是公费旅游啊，很棒不是吗，我简直有点儿得意。

“上周说的，咱们合唱团要选两位学生代表赴台湾学习一周的事儿，名单我们几个老师讨论了一下，现在确定下来了，男生代表是舒昌，女生代表是艾可，大家鼓掌祝贺一下吧。”

什么？艾可？她唱得远没有周维好！在女生中，她甚至排不了第二，顶多就是第三、第四，怎么会是她？

女生群的小议论嗡嗡地，“她后台很硬的，我说了吧！”“这个名单是男老师定的吧，外貌协会啊。”“鬼知道她在背后做了什么手脚！”

我看了看艾可，她一脸茫然，或者说无辜，她似乎一直是这种表情。而周维脸色很差，是啊，嘴上说不自信，心里还是很清楚自己的实力在合唱团的地位，按实力来说，她绝对是赴台的不二人选，而现在被调包了，无论跟艾可关系有多好，也会生气吧。

“好，舒昌和艾可留下来，别的同学可以先走了。”

周维没有等艾可，直接头也不回地拿起自己的背包就走了，往常她们都是同上同下的，她生气了，还是很生气。我此时的感觉很奇怪，虽说能和自己心仪的女孩子来一场公费旅行，还不会被同学看见说闲话，这听起来是一件特别棒的事，也是一个近一步发展的绝好机会，但是，心里怪怪的。若真如女生议论所说，她是心机那么重的人，背地里对自己的好朋友使坏，我大概不会喜欢她，虽说第一感觉看容貌，但我也不是个外貌协会，内心也很重要啊。

老师跟我们说了一堆注意事项，包括近期的证件准备，和应做的文化礼仪功课之类的，我却有些心不在焉，脑子里想的都是为什么不是周维，我也搞不清我什么态度，总之现在这样很糟糕。

老师拿出手机，存下了我和艾可的号码，也让我们交换了号码，就这么要到了她的手机号呢，不费功夫，但没有之前预想的喜悦感。

不懂安慰

回去之后，我想给周维打电话，她一定很伤心，要安慰一下才是，可我天生嘴笨，会唱歌不会说话，不知道能不能好好安慰她。

在酝酿了很久后，我拨通了电话，响了一声后，传来用户正忙的声音，显然她把电话挂掉了，她并不想理我，那让她自己好好静一静吧，毕竟，这事换谁都会生气。

我把手机放下去忙别的事了，不一会儿，短信声响起，估摸着是周维给我回消息了。拿起来一看，着实吃惊了一番，是艾可！我颤颤巍巍点开短信，内容写着：周维不理我了，我也不知道名单怎么会是我，你是社团里为数不多跟她熟悉的，帮我劝劝她好吗？

她不知道？她怎么会不知道呢，这很明显就存在暗箱操作啊，她居然说不知道，难道是狗血韩剧的剧情，有个有权有势的老爹背地里默默帮她打点好一切，女儿全不知情？这太搞笑了吧？难道她真如女生说的那样不堪，现在又来我这装无辜，让我帮她说好话去？哎，想想就可怕。

我不知道怎么回复这条短信，只知道自己对艾可的那种爱慕似乎没有以往强烈，甚至有着一丝丝莫名的厌恶。

我握着手机，左思右想，觉得每个环节都有问题，这就像一部宫斗戏啊，女生赴台名额比作当皇后的话，每个合唱团的女团员都是一位妃子，不管容貌何如，才品层次，每个人都会有一丝自己能母仪天下的幻想。周维是资历最深的，贤良淑德，陪皇上打过江山，众望所归，而艾可是新晋的妃子，年轻美貌却有着花瓶般华而不实的口碑，最后她当选了，后宫所有的女人都不服气了，这位刚当选皇后的人面对她人的不满，冤枉地喊道，我也没想到会是我。从这个角度看来，这句喊冤都有点儿招恨呢。

哎，真是高考毕业后的暑假陪老妈看宫斗剧看多了，我这都举的什么烂例子，鄙视自己。问题这么多，不搞清楚绝对会睡不着。可是干着急也解决不了问题啊，安慰周维又不接，回复艾可又不知道讲什么。要不……是的！直接打电话去问合唱团的负责老师，问她是以一个什么标准来选人的，即便存在潜规则，在面对我的直面问题时，她也得做个答复，撒谎是瞒不过去的。

真　相

“老师，我想问一问，关于赴台的女生名额，为什么会是艾可，而不是唱歌最好的周维呢？”

“好奇怪你会问我这个，今天也有女生打电话来问类似的问题，问为什么是她不是自己，我告诉她，不要嫉妒她人的拥有，要学会祝福。”

“周维打来的电话？”我心里好着急，想着老师跟本来就应该得到这个名额的周维说这句话时，周维悲伤的表情。

“不是不是，是另外的女生，如果是周维问，我不会这样回答。”老师赶忙解释道。

“老师，那您能告诉我吗，为什么定的名额不是唱得最好的？”我继续追问。

“是这样的，我正要私下跟周维解释呢，你也知道赴台要办理赴台证，这个证件目前只面向大陆的一些重点城市开放，其他渠道得跟团旅游，而我们合唱团也没有足够规模，办理因公证件好麻烦，折腾下来的周期也会长，赴台就在下个月了，会来不及。记得我之前给你打电话确认户籍的问题吗？你是省会城市，你是有办理赴台证资格的，艾可是上海本地人，她就更好办理了，而比她唱得好的周维和另一位女孩子，她们都不是省会户口，所以，这个也是没办法的事情。”听完老师的解释，我也就明白了，的确不是艾可的错，我之前的种种跟风乱想，是错怪她了。

“那老师您在公布名单的时候，为什么不当面解释清楚，是因为周维的户籍问题才把名额给艾可的呢？”

“傻孩子，你做出的选择，是要尊重每一个人的，当面告诉所有人，是因为别人有环节问题再让给她的，对艾可也是伤害啊，毕竟她本身也很优秀，是绝对有资格被选派交流的。给你举个简单的例子，假如我衣柜里有两件衣服，最喜欢第一件，第二件也挺不错的，现在我要在一小时后穿其中一件去一个正式场合，第一件有一块油渍，我暂时无法去掉，那我肯定会选择穿第二件再化个精致的妆容，优雅出门，而不是大费周章地抱着第一件衣服飞奔到干洗店，洗个加急的局部清洁，然后仓促地穿上她去赴宴。这样，你懂了吗？”老师的例子，似乎有那么一些道理。

我谢过了老师，并告诉她，给周维的解释电话，我来替她打。是啊，我怕她说要祝福其他人的优秀之类的话，那好可怕的。

解开心结

周维还是不接我电话。

我几乎发送了我人生最长的一条短信，把老师说的户籍问题跟她有条理地解释清楚，说这不是你的问题，也不是艾可的问题，也不是老师的问题，是我们无法预知的问题。但我没有说穿衣服的例子，因为我不喜欢把女生比作衣服，这样不礼貌，而且，也不要把周维的户籍问题比作一块污渍，这种不是自身问题的客观原因，才不是人身上的污点呢。

发完这一条，我又重新组织了语言，给艾可发送了一条短信，告诉她不要自责，我会好好跟周维讲。发完短信，觉得自己简直就是一个“少女之友”。

艾可回了条“谢谢”，周维那头依然没有动静。我给周维打了电话过去，我以为她还是不会接，她居然接了，还没等我开口，她就说了一句：“出来喝酒！”

我不爱喝酒，我说过的，空有一个啤酒肚，但看在周维不开心的份儿上，我也就舍命陪女汉子了。

我俩在学校附近的大排档上，点了一箱啤酒，就着烤串吃了起来，全程除了喝几乎没有太多交流。一不小心谈到梦想，周维说：“不知道，就是一定要在大城市站住脚，成家立业，以后不让我的小孩因为某种问题，而受到不公平待遇。喝。千金难买爷高兴！”

我感觉这就像是一场爷们儿之间的聚会，她小女孩儿的身子里藏着一颗纯爷们儿的心。她喝得比我多，但是我喝吐了，她没有，她笑我不给力，我吐完接着喝，然后两人就在这么喝完了整箱啤酒。

回宿舍的时候，我颤颤巍巍站不太稳，她却挺正常，她扶着我，用尽力气却又扶不太动。路灯下我俩影子拉得老长，我大她小，她好像在推我，我们像两个完全不是同一级别的摔跤对手，恍惚中，我觉得……她挺可爱的。

一醉解千愁，大约就是这么个意思吧，隔天在校园里，我看到周维和艾可俩人一起去上课，新一周的合唱，她们也是一起来的，唱歌的时候，也看得出，她没有跑神。一切就这么恢复正常了，周维的自愈能力让人惊叹。我渐渐觉得，她身上有艾可那种女生没有的魅力。

不只当朋友

赴台的那天，周维是唯一来机场送我们的合唱团团员，她说，台湾会很美吧，你们替我多看看。走之前，她在艾可耳朵边小声嘀咕着什么，说完艾可似乎还脸红了。

上了飞机，我和艾可的位子是挨着的，巧的是，几位老师跟我们没在同一排，我们讲话不用顾忌太多。我按捺不住好奇，问刚才周维跟她说了什么，她笑笑，说没什么。

“说嘛，没事的。”我纠缠道。

“她说你人挺好的，很适合当朋友。”

“只是当朋友吗？”我追问。

“不然呢？”

飞机起飞了，一阵轰鸣声。

“我可不想只和她当朋友。”

“没听清，你说什么？”艾可大声问道。

“嘘，没什么。”

只是偷偷地喜欢你啊

巧笑倩兮

1

聂子歌是插班生，坐最后一排，高高瘦瘦很显眼。嘿嘿，他是我偷偷喜欢的男孩儿哦。

世界微笑日那天，班委决定要抓拍班里五十五名同学的微笑瞬间，做成一本电子相册给大家作纪念。因为我是团支书，跟班长关系特别好的缘故，这个任务就交给了我。

“宋小词，这是班里目前最贵的公物了”，班长指着一台砖头似的佳能相机苦口婆心，“不过你也不用担心，傻瓜相机是很好用的——呃，我不是说你是傻瓜啦！拜托了啊！”

嗯，无所谓自己是不是傻瓜啦，只要能有机会光明正大地跟他近距离说话就行——说起来，我也算是个隐忍的人，从他三月份转学到班里至今，我居然一句话都没跟他说过。

要给全班同学拍照，我这样接近不算处心积虑吧？

不算，我自顾自地回答，心里美滋滋的。

自习课上，我按照座位顺序从第一排开始，挨个儿给同学们取“景”。刚开始，很多人都不好意思看镜头，理由也是花样百出——脸

上有雀斑的、熬夜过了头长满痘痘的、没来得及戴美瞳或者隐形眼镜的……班长便跟在我后面当“说客”，好不容易才说服了这帮“口味刁钻”的同学们。就这样，我的脚步离最后一排越来越近，我一边假装着拍照取景，一边偷偷地从镜框里打量着角落里的他一眼，他在角落里很认真地做题——一会儿你会有什么拍照要求呢？

“来，哥们儿，对着镜头笑一个！”终于走到了他座位跟前，班长大人的话缓和了我看到自己偷偷喜欢的人的那种不安和紧张，“有要求可以跟我们小词提哈，我们会全力配合！”

“我没什么要求，就这样拍吧。”聂子歌侧过脸来看举着相机的我，很自然随和地说。难得有人没有要求，我和班长面面相觑——不用美瞳？不戴隐形？真的这么容易？

“我再说一遍，我真的没有要求，就这样拍吧”，他又淡淡地重复了一遍，倒是班长醒了过来，“啊呀，谢谢你，子歌！”他用胳膊撞了撞我，“小词，你怎么还不拍啊！”

“啊？哦！”我觉得自己有受虐倾向，遇到没有要求的居然很不适应，班长悄悄耳语，聂子歌人这么好，多拍几张，多拍几张啊，辛苦了！

我当然愿意多拍啦，这还用说！于是我把相机设置调到了连拍模式，咔嚓一下，三连拍。

那天他穿了一件最普通不过的白色短袖衫，却很显肤色，脖子上挂着一条十字架的银项链。镜头下，那条项链闪闪发光，他露出了六颗牙齿的微笑，很阳光，好像还带着体温。

后来，我在做电子相册的时候进行照片筛选，把他的其中一张悄悄地拷贝存到了我自己的优盘里，并取了一个名字：阳光大男孩儿的灿烂微笑。如果要票选班级最美微笑，我想，我一定会给他投一票的。

2

班里每月都会出一期黑板报，编辑只有我和班长两个人，说实话有些忙不过来。“无要求照片”事件后，班长就认定聂子歌是个自然随和的好人，便有意要把他加入板报组，抱着试一试的心态去跟聂子歌谈判，结果成功啦。我心里窃喜，这样一来，每个月不就能有一个周末和聂子歌一起共事了吗？怎么听起来这么像“约会”呢？

“哈哈哈！”我一开心就容易露齿大笑。

“宋小词，今天你有什么好事？笑得这么开心！”班长幸亏和我是前后桌，不然，他的“狮吼功”一定会把我的小心脏都吓没了的。

我慌忙遮掩，“我想起了一本很好看的小说！”打死我也不会告诉他我真正大笑的原因。

“呃……好吧，”班长半信半疑地回过头去，“别忘了这周六来教室办黑板报啊！”

“我哪次忘过了，班长先生？”这次我更是不会忘记啦！

周六我起了一个大早，把我最喜欢的泡泡袖连衣裙翻出来，还扎了一个蜈蚣辫，心情好极了。到教室之后，我偷偷瞟了一眼聂子歌，他正在努力写板书，却并没有注意到我，倒是咋咋呼呼的班长说：“我说小词啊，你不知道办板报会有满身的粉笔灰吗？还穿这么漂亮来干吗啊！”

这不是平时都穿丑哭了的校服吗？这不是第一次跟聂子歌一起出板报吗？我腹诽了班长好半天，把拿在手里的粉笔胡乱画了又擦，擦了又画，就是不想干活。

“我觉得小词你这样穿挺漂亮的啊！”聂子歌到讲台去拿粉笔，路过我身边时轻声细语。

“看，人家聂同学这才叫懂得审美呢，谢谢你呀，子歌同学！”我觉得脸有些发烫，赶紧画起花边来——亲爱的子歌同学，其实我这件衣服就是为了穿来给你看的呀！可你知道，十六岁的好感是必须要隐藏起来的，所以我只能这样用自己喜欢的衣服来引起你的注意。

“好吧好吧，”班长见我这般只能无奈摊手，“你们想喝点儿什么？我去买来犒劳功臣！哈哈！”

“我要AD钙奶！班长先生！”我脱口而出。

“辉子，一瓶脉动，谢谢!”辉子是班长的昵称，估计是他听我叫他“班长先生”习惯了，猛一下亲昵的“辉子”很不适应，又或者……很感动，这说明聂子歌是从心底里真正把他这个班长大人当好哥们儿、好朋友啊，他只顾点头说：“好好好！”

接着，聂子歌又把头转向我，语气是万年不变的温和随意，“小词，AD钙奶喝了会长胖的哦！”

这……难道是看我胖了，婉转地提醒我吗，我好像也不是很胖啊?

又或者……他是真的把我当成了和他哥们儿张辉一样重要的好朋友，所以才会这样直言不讳地提出建议?

我承认，就因为这句话，我脑子里乱得跟糨糊似的，我觉得那一刹那脸上有几万朵红霞在飞。

“那……你还是给我买瓶矿泉水吧！”我声音小得像蚊子。只因为他说“我觉得纯净的矿物水会比AD钙奶更健康一些”，其实当时我并不了解矿物质水和饮料哪个更好，但是从他嘴里说出的就算是别的理由，我也会照办的。

我很在乎他的看法，因为我偷偷喜欢的人是他啊。

3

后来张辉提了一个他自认为的好建议——我、聂子歌还有他三个人关系这么好，完全可以“拜把子、当兄弟”嘛！于是在他请我们大吃了一顿之后我们同意了——没有歃血为盟，只是一起喝了杯果汁，就按年龄大小论定了排行：聂子歌最大，排行老大；张辉屈居第二；我就是他们共同的“三妹”。

从此，我们“三剑客”就经常一起行动，自小有武侠梦的我总会忍不住想，这要是在古代，我和他一起出任务，遇到了危险，他会不会也像电视剧里演的那样，舍命都要保护他的义妹？

没过多久，这一猜想在那次体育课上的“飞来横球”事件上得到了验证。那天我们三个人在操场上闲逛，绿茵场上一男生踢球用力过猛，足球就直线地往我这边倒。眼看就要撞上我了，聂子歌眼疾手快一把把我拉到了安全距离范围内。由于用力过猛我还差点儿摔了个趔趄。

“简直是大哥舍命相救啊！膜拜！我说小词啊——哦不——我说三妹啊，还不快点儿谢谢大哥！”张辉油嘴滑舌，不过“舍命相救”这个词我很爱听。

那是聂子歌第一次牵我的手，觉得手心润湿，不知道是自己还是他因为紧张冒出的细密汗水。

“谢谢大哥！”我本想抱拳的手却因为一阵眩晕扶住了胸口，就地吐得一塌糊涂。

不过这次是值得的，至少它让我知道，他还是在乎我的，哪怕是对同窗的正常在乎，哪怕是他对“结拜义妹”的正常在乎。他牵了我的手，而因为什么原因牵手，我都不介意。

由于张辉在全班的人气，全班同学都知道我和他还有聂子歌结拜了兄妹，两男一女并没有不正当的（此处指早恋）男女关系，我就可以光明正大地去找他玩，问他题目，课后还可以一起打羽毛球——在“兄妹”关系的幌子下，没有人知道我偷偷地喜欢他，我高兴又失落。

有很多的那么一刹那，我很想给他写一封告白信，告诉他，我在偷偷地喜欢着你啊，可是胆小又怯懦的我却不敢迈出那一步。也许暗恋就是这样吧，想让他知道却又不敢让他知道。

后来我就买了一本可以上锁的日记本，把那张有他微笑的照片夹在了里面，并每天都把我和他之间的一些细节写进去——比如他喜欢的耳机颜色、我和他说过的话、我和他还有张辉一起去学校假山里捡石头刻字、我有不会做的数学题问过他之后他写给我的详尽答案的字条、他送给我的一根小笔芯写完了都舍不得扔掉的一类芝麻小事，当然还有那次“舍命相救”的大事——日记本就像一个树洞，让我坦诚地记录着我对偷偷喜欢的少年那一片美好的少女心思，而从来不会担心它会说出去。

聂子歌你看，十六岁那年偷偷喜欢着你的我，一直都这般小心翼翼。

4

聂子歌刚来的时候，坐在最后一排，由于我对最后几排“差生印象”的思维定式，我认为他不过是一个五大三粗的无用草包。可后来的好几次考试，分数都屡屡刷新我的“三观”。好在张辉信息灵通，他告诉我，聂子歌坐最后一排真的不是因为成绩差，而是单纯地因为插班生的缘故，全班的好位子基本都坐满了人，就只能委屈他坐在后面了。

“原来我喜欢的人这么优秀啊！”我一边点头，一边小声地说。

“啊？你说啥？”张辉凑过来一只耳朵。

呃，好吧，我瞟了一眼角落里的那个瘦高身影，一边哀叹自己得意忘形差点儿让张辉知道了秘密，急忙又摆手又跺脚、又抓耳朵又挠腮，“啊？我有说过吗？我记得我没说什么呀！”

闲下来三个人聊天的时候，我会有意无意地问他，以后想去哪里读大学，他很自信地说：

“当然去北京啦！我喜欢那座有厚重历史的城市。”

“辉子，你的成绩也不错，还有小词，我们都去北京念书吧，怎么样？”他说。

我看着他，又看了看张辉，笃定地说：“好啊，我们三个都努力考到北京去吧！”

那一刻，夕阳下他一米八的身高让我联想起舒婷笔下的橡树——“我必须要做你近旁的一株木棉”，我在心里反复默念这句诗。是啊，我要通过自己的努力，平等地与你站在一起。

因为我偷偷地喜欢着你啊，大学的城市里只要有你，我就很满足。

可是我没等到与他一起走进高考考场那天。他太优秀以至于我只能从旁仰望。他以全国高中生物理竞赛一等奖的好成绩被国防科技大学提前保送录取，从此南下。

那时我不是没有想过要去湖南找他，可是少女心思作祟，我又怕张辉知道了会笑话，因为我这三年来一直是偷偷地喜欢着他关注着他，如果从张辉嘴里说出去就成了“为爱千里走单骑”——到底面子薄，我最终一意孤行一个人去了北京。而张辉则去了比湖南更南的海南。

我从西南小城的家乡启程出发去北京的时候，是一个夕阳西下的黄昏。列车一直在前行，我把随身带着的日记本从头看到尾，一字不落。还有他那张微笑的照片——他自始至终都不知道我把他的这张照片如此珍藏。夕阳下，他的脸庞像是镶了一层金边，我凑近了去看，想在他的瞳孔里找到当时正在拍照的，举着相机的自己。

车窗外阳光的金色光线透过蓝色窗帘的那一刹那，熟悉的场景和温度让我记起了三年前的那个初夏。他的座位靠窗，那时的每天下午，我都会假装若无其事地去看那扇穿透了阳光的靛蓝色窗帘，一看到他埋头写字那张沉静坚毅的脸，即便再有凉爽的穿堂风吹过，那颗心仍会躁动不安，就好像有个天大的秘密被人揭穿。

聂子歌，你可能永远也不会知道，在那样阳光灿烂的一个下午，有一个偷偷喜欢你的十六岁姑娘，偷偷地注视过你吧。可是没关系啊，就像歌里唱的那样，有些喜欢有些爱不必说出来。十六岁时的我只是偷偷地喜欢你啊。

你知道吗，我现在最爱喝的不是AD钙奶，而是跟你一样，喜欢上了脉动的淡淡清冽。你看，这就是我偷偷喜欢过你的痕迹啊。

你的帽子，是比夏日更长的秋日

他再也没问过我帽子的事，我也假装，那顶帽子就是我的了。在那所学校的所有时光，只要能够戴帽子，我就会戴。甚至越来越大胆起来，敢在他所有会经常路过的地方招摇走过，即便看到，也没有一点点所谓的愧疚、害羞或者期待之类。

谁也不知，谁也不问，这顶帽子是我一段隐秘、有趣，浓绿中夹杂一些枯黄的心事。

你是比夏日更长的秋日。

你的帽子，是比夏日更长的秋日

杜索年

在我离开河北，去武汉念书的路上，于火车中迟钝地发现，是从秋天重新步入到夏天。窗外的植被由夹杂着枯黄的样子渐渐染成浓绿，来回推动的食品车从饼干转换成冷饮。最终下车的时候，我发现全身的衣服都被湿漉漉地贴紧在皮肤上。地面，是洒水车刚刚经过留下的深灰色，头顶，是格外烈格外暴躁的骄阳。

我寻找从火车站到学校的摆渡车，也同时寻找跟我一样要入学的伙伴。然后我看见了一个少年，他和我一样，长袖大褂，汗流满面，眼神里充满期待伴随焦灼。他脑袋上的帽子歪向一旁，有些滑稽。

我们是一起上车的，车子的所有窗户全开。把手伸向窗外，风把宽大的袖子吹得大声响动。

然后，我的手，就突然抓到一只帽子。

那是一只黑色的帽子，上面有几个英文字母。我看了看，想起来是方才那个少年的。鬼使神差，我把它塞到了书包里。就当是新生纪念啦，我悄悄地想着。

果不其然，少年挨个问坐在车窗旁的人，问有没有看到他的帽子。也同样果不其然，根本没有人注意到我那迅速而隐秘的小小伎俩，他们都对男生遗憾摇头。

两天之后，所有人穿上军装，开始操场上的被虐历程。我错带季节的衣服，并没有给我带来太多的困扰。每个人都是一样的，没有谁是特殊的。然而我还是轻易从人群中找到了那个男生，那个我挂在床头的帽子的主人。他是另一个系的一个班的班长，带着全班同学跑圈，仍然是汗流满面，我看他的样子，忍不住想笑出声。多有趣啊，他不知道他的帽子去哪儿了。

追踪他的轨迹，我看到了他们班训练的地方。从此以后，只要是无聊地站军姿，我的视线永远是在他们班那里。偶尔，还会笑——“你的帽子在我这儿！在我这儿！谁让你不懂读脑电波呢。我脑电波开了一万分贝，正跟你喊你的帽子在我这儿呢！”

后来，有那么一天，他一个人，突然走到我这里来。“同学，你认识我吗？”

正坐在草地上歇着，有一搭没一搭看着他的我，快要被吓晕了。

“我，我不认识你啊。”我说。

“哦，我刚上了个厕所，回来就找不到我们班了，大家穿的都一样，你了解的。刚来嘛，我同学的样子我也记不清。那，我就只能挨个问他们认识我不。”

“你可真聪明。”我说。

“哈哈哈，我看你跟我笑，我还以为你认识我呢。”

“你们班，在那边，刚才你们排长带队踢正步，踢那边去了。”我随手往那个方向一指。

他看了看，往过去跑了两步，突然又回来。“哎嘿，你咋知道我，和我们那个方队的？”

找不到合适的词，我又快要吓被晕了。他看我语结的样子，没有办法，也还是赶快跑走了。

喂喂喂，你的帽子在我这里呢。你就不打算问问我是谁吗？我的脑电波放了两万个分贝，但是很不幸，他不仅没有听到，而且连我同学也没有听到。他们都聊八卦啊，侃明星啊，谁会在意一个发生在半分钟内的问路呢。

很快的，我病倒了，上吐下泻，非常猛烈。去校医那里看，是水土不服。校医给我开了假条，以及止泻药。我在网吧里跟父母一把鼻涕一把泪地视频，旁边还放了一卷我非常有先见之明带来的卫生纸。我妈说："我有个同学，他儿子啊，我才知道也是你们学校的新生，不打算见见面吗？我喊他照顾照顾你呀。"我说："可别了，这阵子都军训呢，特别累，不方便。"

不过那天晚上，还是有人在我楼下宿舍喊我了。我打开窗子，看到我床头帽子的主人。我下楼去，他问我，我是不是早就知道他是我妈妈的同学的儿子，所以才知道他的方队的。我左思右想，点点头。他说，以后你别在电脑上对着父母哭了，他们太远，着急，又帮不了你，你找我就好了。我左思右想，又点点头。

军训结束是漫长的十一假，我没有回家，窝在宿舍看小说，一本接一本。偶尔也跟他发些短信，聊聊天。如果凑巧都赖了床，吃饭的时间同步，那么还会一起去食堂。我喜欢他大人一样的笑容，他每次都要说一句，你可照顾好自己啊。终于有一次，我说我们新生入学时，我还看见你了，上的同一辆班车。他对那个时候的我完全没有印象，只是说，好倒霉啊，帽子丢了。

10月5日的时候，我们俩终于相约去外面逛一逛。905路公交上，有很多带着小孩儿的年轻女士。我不是喜欢小孩子的那种人，然而他很喜欢。他跟小朋友握手，小朋友扯他眼镜玩，喊他叔叔。他说："不要客气啦，大家都是同龄人。"我忍不住笑出声来，他严肃脸，"有什么好笑啦。"我说："你有没有注意小朋友和他妈妈的表情啊，太好笑了。"他也终于绷不住了。

我们去了红楼，那是一百年前的湖北军政府遗址，房屋的构造跟现在很不一样。我们走到大厅里，抬头望向螺旋的楼梯和华丽的天花板装饰，看到有一些光芒混合着安静的尘土，下落。"如果我是那个年代的学生，应该也会跟着一起去起义什么的，我会想念那个年代。"

"那我跟在你旁边，保护你咯。"他随口这么一说。

然而我是有点儿恍惚的。我想，在那个动乱的时代，每个人都会容易激动，每个人都怀着一些遥远和澎湃的理想，但是有一个人，说在旁边保护我。我看着他灰色的卫衣，觉得有一汤匙那么多的伤感，也有些毛茸茸的不确定。

“喂，你有一个……”我小声说。

“什么？”他问到。

“没什么。”我咽下去“帽子”这两个字。我不想让他知道我拿了他的东西，我不想让一切太刻意起来。

假期结束，宿舍的女生从家里纷纷回来。他们问我十一去哪里玩了，我说只有一天出去了，跟同乡人，是另一个系的一个班的班长。“哦，是他啊”，舍友说着，“那个非常挺拔的男生，我就想嘛，该是北方人的。”“哎呀呀，原来你们军训时都在看人家啊，我还以为就我悄悄看呢。”

我是有一点儿小骄傲的。你们都不知道呀，我还有一个关于他的秘密呢，我跟你们，总归是不一样的。

日子开始转冷了，十一假期结束，我从北方拿来的衣服，正好用得上，不由窃喜，其实这样带行李是对的。当然啊，我有一次碰见他，看到他也是穿着当时下火车的那套衣服。

他的旁边，还走着一个很漂亮的女生。

他看着我的脑袋，有点儿惊讶：“哎呀，你的帽子，怎么跟我的一顶一样呢。”

我装成不明白的样子，把帽子拿下来，给他看。

“真的哎，一模一样。这里，那里，都一样一样的。”

我把帽子拿过来，“哎呀，老乡，估计我们是从同一个地方买的吧。”

他跟女孩子走远了，我盯着自己的影子，有点儿酸楚。他那么聪明，肯定能看出来那就是自己的帽子，那些蹭出来的毛边，他怎么会不记得。帽子字母上用圆珠笔写的一个L，他怎么会不记得。他知道我跟他一起坐过同一辆车，他怎么会想不通。

一整天来，我都那么盯着自己的影子。影子上的头顶部位那一小颗突出来的地方，显得那么尴尬、不合时宜，令我难过。

后来，大家都知道，那个女孩儿是他的女朋友了。在这个校园里，只要人长得好看一点儿，性格好一点儿，是很容易被大家知道一举一动的。我想，我是不会给他发短信了吧。他偶尔也会发一些消息给我，但我只是“哦”“嗯”“呵呵”。

他再也没问过我帽子的事，我也假装，那顶帽子就是我的了。在那所学校的所有时光，只要能够戴帽子，我就会戴。甚至越来越大胆起来，敢在他所有会经常路过的地方招摇走过，即便看到，也没有一点点所谓的愧疚、害羞或者期待之类。

谁也不知，谁也不问，这顶帽子是我一段隐秘、有趣，浓绿中夹杂一些枯黄的心事。

你是比夏日更长的秋日。

有喜欢的人

浅步调

小学五六年级的时候，曾经喜欢一个隔壁班叫国庆的男生。男生长得高高的，眼睛一笑就眯成一条线。那时候和同桌一起用铅笔写名字算笔画，算我和男生互相喜欢的概率。每次路过隔壁班教室后排，就挽着同伴的胳膊，故意放慢脚步，踮脚抬头，偷偷地往他坐的位置偷瞄。下午放学的时候，也会拉着同桌故意晚走，为的就是尾随他走出校门，那一段看着他背影走的路，真是惊心动魄呀！要控制着步伐，不要离太近，也不能离太远。如果他突然一回头，就像跳戏的演员，牵着同桌的手，马上就会握紧变麻木，满手是汗，刹那间停下也不是，继续走也不敢……

有一天，在操场集合的间隙，我正在偷瞄离我近距离的他站立的方向，他突然莫名其妙地回头对我说："看什么看啊？"我当时一下就傻眼了，完蛋了，完蛋了，真是完蛋了，自己此生最大的秘密被发现了，人生第一次愿意用死来抵挡这样的难堪。在我还在想怎么回应他死得会比较好看的时候，后面传来一个女生的声音，用东北口音抢先回复了一句："瞅你咋地？"我转身寻找声音来源，看向周围人群的时候，看到了无数张像我一样，如释重负的脸。

那一刻，才知道，原来偷偷看他的人，一直就不止我一个人。那一刻，才知道，原来优秀的人，是闪光的，他像聚光灯一样，让所有人的目光，都不自觉地看向他。

后来，这样偶尔得到的真理一次次地得到验证。所以，年轻的时候，要很努力很努力地去发光啊。

初中的时候，开始了人生最深刻最旷日持久的一次暗恋。那是一个高高瘦瘦的男生，唱歌很好听，尤其是唱周杰伦的歌。那时候的我，就喜欢男生穿白衬衣、戴着眼镜、英气逼人的样子，那是我一生对帅的诠释。关键是那个长得好看的男生，学习成绩还好，英语念得溜，还有一副好脾气。

本来以为这次暗恋跟所有之前的暗恋一样，会安静地在深夜和日记本里生根发芽，然后在下一个季节，或者下一个节点厌倦了，就转战另一位寄主，对另一个寄主萌发荷尔蒙，然后周而复始，过完整个青春。这时候，发生了一件简单的小事。

有一天，我百无聊赖地倚着桌子，拿着一杯水，把腿在过道里伸直展开，仰头靠着同桌，找着最舒服的姿势，准备喝水消磨时间。在腿伸进过道的瞬间，男生正好一路小跑走过来，格外出其不意地，竟然被我绊了一个趔趄。我满嘴的水，看到绊倒了人，绊倒的人又是他，一紧张，嘴里的水，一下子控制不住地咳了起来。我看着他，想保持矜持地说一句“对不起”，可是咳嗽得眼泪都止不住了，只好边咳，边变着脸部表情，拿着水杯，对他做了个举杯的姿势。他却看着我突然笑了起来。那个笑容，就像是给孩子宠溺的赞美，夹带着心疼，太好看了，太让人心动了。关键是他不止笑，还边笑边走过来拍我的后背，说：“没关系啊，你慢点儿。”

你看，我用“举杯”表达“对不起”都能得到回应，这是多么美妙的事情呀。

每当回想起这样简单的小事儿，都觉得有没有搞错，我下酒菜都准备好了，你就讲了这样的故事？

可是，就是这么简单啊，我后来知道他父母在市医院上班，所以恨不得每次发烧都烧到头脑不清，这样就可以挂到他妈妈在的急诊。后来知道他家跟我姑姑家住一个小区，所以每个暑假都去姑姑家，领着姑姑家的小侄子，在三十几摄氏度的小区门口晒得快晕倒了，也不想回家。他后来在某次元旦晚会上唱了《半岛铁盒》，我就臭不要脸地对好朋友说一定是唱给我的，因为我们的缘分是“绊倒”铁盒啊。我数学不好，就努力学习英语，老师提到英语成绩拿我们两个人做榜样时，我骄傲得脸都放光了……

像所有的暗恋故事一样，能从对方最平常的表达里，做出一百八十种不一样的解释。每一个解释，都没有指向他不爱我。而他不爱我，这本是最大的事实。但是，无所谓了，暗恋本来就是无疾而终。

初中毕业，高中的我们没有分到一个学校，大学也在不同的城市。看到他相册里逐渐长胖的身材，和做了近视手术摘掉的眼镜，少年不再，相比喜欢他，好像更喜欢那时候喜欢他的自己。回忆起关于他的种种，依旧温柔。

我后来还是喜欢去我姑姑家看我小侄子，也还是生小病就想能不能住院，就连喜欢的人，也是高高瘦瘦的也真是奇怪，时间改变了很多，可依旧有在成为大人之前，不想忘记的小事——有喜欢的人。

昨 日 歌

骆 七

1

“你不要脸！”

跟前的女生因愤怒而花容失色，在她巴掌即将落下的前一秒，杜识泠如天神般降临了。

“你闹够了没有！”他钳制住她，防止她进一步向我撒泼。

我一点儿没觉得怕，叉着双手饶有兴致地盯着那个女生。

“你不是第一个。”我对她说，“但你却是最固执的一个。”

想起昨天走在大街上，却被人无缘无故迎面扔了一只坡跟凉鞋，我实在难以淡定，正要撩起袖子和眼前的始作俑者大干一场，杜识泠不合时宜地挡在我面前，“喂，给个面子。”

“你这次动真格了？”

“你说呢？”他回答得太过理所当然，我倒有些语塞了。

“很好。祝你们能熬过一周纪念日。”我丢下一句狗血十足的台词，心里漏掉一拍似的，竟隐隐有些难过。

2

出于杜识泠这次的反常表现，我马不停蹄地调查了那个女生。

她的名字叫阿珍，容貌模糊，总穿着一条白色长裙，走路似乎在飘。她就像古代的女诗人，没事就爱伤春悲秋。她有一个黄格子的笔记本，上面写满了乱七八糟的东西，她说那是诗，后来我读过两首，实在觉得那东西狗屁不通。

比如她写：你飘逸的头发，是我温柔的归宿。她当自己是头皮屑吗?

她又写：我愿意为你生，为你死，为你彻夜不眠失声痛哭。

这样无厘头的深情实在让人难以捉摸。

据说，在没和杜识泠交往以前，她就写了整本的诗，然后她就拿着这本诗告白去了。杜识泠说自己也没看懂她写了什么，就在他快忘了她时，她跑来问他有什么感想。他左思右想半天想起这姑娘是他床头那本催眠书的作者。于是他眉开眼笑，说好得不得了。

他并不知道，那最后一页写的是，你做我男朋友好不好?

阿珍自然美得不得了。

然后他们就谈恋爱了。

3

如杜识泠所说，后来他倒真喜欢上阿珍了。但他说他是很容易喜欢上一个人的。但像阿珍这样主动来跟他告白的，却是头一个。

他扳着手指头给我数，自己大概谈了六次恋爱。然后他扭过头来问我：“你呢，林格子？”

我一口饮料呛了嗓子，然后对他伸出两个指头。

“林格子，你骗谁呢。”

“是两次。”我说，“一次真心，一次假意。”

“那么你对我呢？”他用那种小鹿般纯洁的眼神看着我。

我觉得脸颊有些烫，于是将饮料吐了他一脸。

在我们学校，谁都知道，要和林格子谈恋爱是件简单的事，只要你能让她觉得开心，她就愿意挽你的手。

我知道我有张冷艳的面庞，这归功于我久未谋面的爹。

但我不会同杜识泠谈恋爱，因为我们太像了。我们总是眼看着身边的人离去，却不会为此感到难过，我们是不会从对方身上得到快乐的，只有挑战。

“如果我厌倦了快乐而想要挑战呢？”他舔一舔嘴边的饮料，目光透着一股狡黠。

我仍然看着他笑，“那你认为呢？”

他不置可否地耸耸肩，不再说话。

4

认真说起来，我和杜识泠的缘分在十岁那年就有了苗头。

那一年，他爸爸在清水街开了一间杂货铺，正好就在我妈的裁缝店旁边。

我和杜识泠在二楼的房间是挨着的小阁楼，那种木质的房子隔音效果很差，我们常常躺在床上说话。

有天夜里，他家的铺子该关门了，我躺在床上听到一阵噼里啪啦的声音，我下楼去，在小厅看到我妈，她伏在桌上，旁边的酒瓶里剩下不多的酒水。我皱眉，转头去开门，便看到杜识泠站在我家门外。

“我爸好像中风了。”他说。

他的嘴唇苍白。那是我唯一一次看到他那样紧张的表情。

那年他爸四十六岁，但头发已经白了一半，杂货铺没人时他就坐在门口的椅子上晒太阳。

那天夜里他从货架的梯子上摔了下来，头砸在柜角上，他翻着眼睛，没了丝毫意识。

后来救护车来了，医生把他放到担架上，杜识泠神色木然地追过去。我伸手拉住他，“要不要我陪你。”

“不用。”他头也没回。

但是我却跟着上了车。

因为那一刻，他的眼睛像冬夜寂寥的星，微微的光亮摇摇欲坠，让我不由地想要捧起双手把那丝微光护住。

不过后来它还是熄灭掉，成为我心间难以弥补的憾事。

5

我从没见过杜识泠的妈妈，据说有一天，下了很大的雨，她出去买菜，然后出了车祸，杜识泠说，他看到地上有很多血，她就那么歪躺在地上。那时他爸爸把他揽到怀里，没再让他看第二眼。

但只那一眼，他此生也不会忘记了。

坐在手术室外的长椅上，他掉过头来对我说，看到他爸爸躺地上的样子，让他想起了曾经躺在大雨中的妈妈。

“我不想失去他。”他呜咽着说。

我伸手搂住他，却什么也没说。

后来，他爸爸在床上躺了四个月后，在一天夜里，安安静静地离开。

那是前年的春分。我和杜识泠刚升到高中。那时他已经冷静许多，他打理好爸爸的后事，招了短工帮他看杂货铺，然后每周按时去补货。除此之外，他仍然正常上课，只是常常在课堂昏睡。

他曾和我讨论关于退学的问题。

他躺在小阁楼的床上，敲着门板问我：“林格子，你觉得我不念书好不好？”

我跳下床，咚咚咚敲开他的门，把床头的闹钟丢过去砸他。

他埋着头没说话。

过了很久，他才用极低的声调说道：“现在我觉得只有钱是不会离开我的。”

我身子晃了一下，突然觉得站立不稳。那一刻我有些绝望地想，曾经贴着墙壁谈笑的岁月再也不会有了。

我甚至想对他说，杜识泠，你还有我，我也不会离开你。

可我张张嘴，没来得及说什么，我妈就已经在隔壁撒酒疯了，她悲情的表演时刻到了，我是她生命里唯一且最忠诚的看客。

我快步离去，回头，看见他的面容掩映在灯光里，明明灭灭，模糊得无法看清。

6

那天的事情后，阿珍知道了我和杜识泠没谈恋爱，她觉得误会了我，跑过来给我道歉。她还把自己写的诗给我看，然后我们就莫名其妙成了朋友。她在我面前提的最多的三个字就是杜识泠。

可我没想到有一天她会挽着别的男生的手来找我。

那是星期天，她跑到我家店里敲门，我去开门，阿珍靠在墙壁上，那男生站在她身边。据说她又谈了场恋爱，男生是篮球队的中锋，身高几乎一米九，足足高了杜识泠一个头。

“进来吧。”我说。

阿珍撞了我的手肘，挤眉弄眼地看着一旁的男生，低声问我：“怎么样？”

“你要做什么款式的裙子？”我头也没抬。

这时候我妈晃晃悠悠下了楼。她穿着睡衣，胸前有一大片污渍，活脱脱一个怨妇。阿珍看看她，又看看我。我忽然觉得胸腔里憋了一口气。

自从我爹林北原回来骗走她一笔钱之后，她对什么东西仿佛都提不起劲儿来。

我十四岁就被迫学制版，做衣服这件事我轻车熟路。基本上都是她接活，完了她喝酒，我闷头在桌子上忙着裁衣。

有时她喝高兴了就会问我：“林格子，你是不是觉得我挺对不起你的。”

我说不是我觉得，是事实。

她听了也不接话，就闷头喝，非喝到烂醉为止。

我气坏了，在她去杜识泠家买酒前，抢先把酒悉数倒掉。杜识泠来阻止，我索性坐在地上不争气地流泪。

我从没那么丢人地哭过，据说我还只有两岁的时候，跌在地上也只是若无其事地眨眨眼，因为我晓得没人管我，那时她管自己都管不过来，整天就知道哭。

我说我怎么这么倒霉，摊上这样的妈。我越自强她越堕落，真当我是女超人啊。

杜识泠坐下来哄我，“你怎么能是超人呢，超人都是大背头，将来要秃顶的，那得是我这样的男人。”然后他看着我大声傻笑起来。

我转过脸，在他的眼里看到一种我从来没见过的东西。但我确定，那是爱情。

一秒钟之后，我为自己这样的确定感到羞愧，我怎么能这样轻易就相信我看到了爱情呢?

7

回过神来时，阿珍和她的巨人男朋友依旧看着我和我妈。

“你要做什么款式的裙子？”我继续公式化地说道。

“就这个。”她硬邦邦地说。那样子就像我们要打仗似的。

“押金一百元，下礼拜过来拿裙子。”

她从口袋里掏出一百元，拍在桌上扭头就走。

“林格子，来给我捶捶腰。”她刚一走我妈就开始使唤我。

“我要去拿货。”我口气淡漠，她不吱声，只眼巴巴瞅着我，我心软，又应了她的要求。后来她还学会了跟我撒娇，像个小女孩儿似的，一点儿也不知羞。

给她捶完腰我打算去找杜识泠，让他载我去拿货。刚出门，就看到站在门边的阿珍。

“我还没量尺寸呢。”她说。

“不用，我都背下来了。”

“格子，要是我还喜欢杜识泠，却和另一个人在一起是不是很不好。”

我摆摆手说：“没事，这顶多是女流氓行径。”

“林格子。”她嗓门儿忽然高了一下，然后又低下去，“我走了。”

我还记得第一次看到她的时候，她丢了一只凉鞋砸了我的腰，那时候这姑娘多彪悍，一股子为了爱情不顾一切的样子。

我是真生气了，我很少跟人这么发脾气，我就和两个女人用这口气说过话，一个是我妈，另一个就是阿珍了。

8

我给阿珍做好裙子的第二天，一大早就下了场雨，我躺在床上听到送牛奶的声音，拉开门就看到杜识泠的铺子外面站着一个女人，她没打伞，就贴着墙壁站在木檐下面，衣服湿了大片。

“大婶，杂货铺这么早还没开门呢？”

她发青的嘴唇颤了颤，似乎要说什么，但到底没说。

“那你要不要过来避避雨？”

我冲了热茶给她，她一直坐着，不吃也不喝，神情却显得有些飘忽。

“那杂货铺的孩子是叫杜识泠吗？”半晌，她才开口。

“对。”

话音未落，就见杜识泠冷着脸站在门外。

“林格子，要你多管闲事？”他目光转向那女人，“我妈早就出车祸死了。你快走吧，别自讨没趣。”

女人脸上的表情更加凄楚，“杜识泠，你不信问你爸，我知道他恨我，但他总不能叫你不认我。”

“他死了。”杜识泠冷冷地说完这句话，然后便只留下一个冷漠的背影。

我摊摊手掌，露出一脸的无可奈何来。

9

她没有死。那个在大雨中倒在血泊里的女人和他们并没有关系。

她只是在他还只有六岁的时候，同一个脖子上挂着金链子的男人跑掉了。

他在南方做五金生意，是个腰缠万贯的老板。但是没两年，他就败落了，因为贪污的数量庞大，股东们告发了他，他当即被判了刑。

那时候，她身无分文，却没脸回来。她在中介外的长椅上坐了两天两夜，后来有个有钱人家请她做了保姆，她小心伺候，雇主夸她做事周全，就是眉目间总也看不到欢欣。

她在雇主家干了八年，老太太过世后，终于打算回来看看。

那天她六点下了火车，到这店铺时，她站在柜前，目不转睛地看着低头算账的杜识泠。

“您要什么？”杜识泠头也没抬。

她却红了眼，“我……”她一张口就顿在那里，仍然没脸说出我是你妈妈这样的话，因为她知道自己是不配的。

她一直僵立着，他心下觉得有些蹊跷，便问：“您要找什么人？”

她仍不说话。

“抱歉，请不要耽误我们做生意。”他说。

在他走到门边要送她出去的时候，她冲口而出：“你认得吗？我是你妈妈。”她竟真的开了口。

“胡说什么。我妈早就死了。”杜识泠怔了怔，终于将她推至门外，重重掩上了门。

他从柜台下的夹层拿出那张照片，黑白照上，是她年轻而俊俏的脸，即使岁月平添了她的沧桑，那轮廓却仍然熟悉。她就在门外怔怔地站了一夜，直到外面下起雨，才恍然回过神，向房檐下靠了靠。

然后出门拿牛奶的我就看到了她。

10

杜识泠仍不和她讲话，冷着脸没什么表情，却在二楼给她收拾出一个房间来。

“这样成熟才算得上男人嘛。”我拍着他的肩膀说道。

“这个。”他塞在我手里一小团布包。那里面裹着的是一枚戒指和一张一寸照。

“那天爸爸登着梯子在货架上拿的东西，就是这个。”杜识泠说。

他们结婚时的戒指和她那张照片，他一直藏在货架的顶端，有些念想的时候，就在夜里拿出来看看。但那些年里，他从没对杜识泠提过关于她的半个字。

“他是爱她的。”我说。

杜识泠没作声，只是忽然抓紧了我的手。半晌，他问我：“她爱他吗。”

“我想她现在意识到了，还不算晚。”

“如果他现在还活着，也一定会善待她的。”杜识泠说。

于是她留了下来，她帮杜识泠照看杂货铺，那双长满老茧的手做什么都显得游刃有余。

我妈有时靠在门边，看着她发呆，显得很惆怅，“你说她这叫浪子回头吗？”

我知道她心里还惦记着我爹，我从没见过像她这么死心眼儿的女人。

“女人总归是比较心软的。但没准我也有希望。”她继续说道。

我从前不知道她是怎样让自己的心这样流血流泪而不死去，但在那一刻，我明白了，她已经天真到盲了眼。

可就在那段时间里，我妈的账户里忽然出现好大一笔钱。

我爹拿着骗她的那笔钱同别人做了生意，他才发现，自己除了花心之外，原来还有这种天赋。他给她打了那一笔钱，算是补偿，他甚至说出如果我们需要，他还会定期给我们生活费这样财大气粗的话。

那天下午他特意打电话来通知我他的这点儿恩典。

“如果你想补偿金钱，我们自然欢呼雀跃，但不要同我们谈感情和亏欠。”握着那听筒的时候，我显得格外冷静。

我挂断电话，然后转身看到一直站在那里的妈妈。

“多少钱？”她抖着嘴唇问我。

“多少也不算多。”我神情淡然。

但她却哭了，她说她一点儿也不想要那些钱，她想要爱情啊。

“这世上哪儿来那么多爱情。”我笑道。

“对，对——有这些钱总归是好的。”她呆立半晌，终于喃喃说道。

那一刻，我心里莫名空了一下。

也许每个人都有那么一个想要倾其一生去爱，去相伴的人。但是那个人，他真的会在意你的倾心吗？

11

周三时，阿珍来拿衣服，她遮遮掩掩，满脸青紫。我问了句，才知道她昨天在学校和一个女生了打起来。她们扭着对方滚到草坪里，她的白色长裙被扯破了，嘴角挂着血渍。

她的新男朋友看着她的目光有点儿恨意，他说："阿珍，咱俩完了。"

他转身时停了一下，似乎等着阿珍解释，但她只是抬手擦了擦自己的嘴角，转身走了。

原来，阿珍找巨人男朋友只是因为那时候杜识泠和年级里一个比较混的女生好了，她气不过，想着自己也无须单恋一棵草。可她始终对新男友热络不起来。

直到有一天，杜识泠把那个女生甩了，那个女生没咽下这口气，让江湖大姐首当其冲去教训杜识泠，但她一个巴掌刚打下去，杜识泠还没说什么，阿珍就冲过来了，那时的她就像我们第一次见面时那样生猛，"嗖"一下就撞倒了那个女生。

战争结束了，阿珍擦着嘴角，一只手搂着自己被扯坏的裙子，一瘸一拐地走向杜识泠。

杜识泠把自己的衬衣系在她的腰上，然后他俩谁也没说话，就那么一前一后地走着。

"你还会给我写诗吗？"也不知过了多久，杜识泠闷闷地问了一句。

阿珍撩一下挡在自己额前的乱发，忍着笑说："看心情啦。"

12

后来他们真正地谈起了恋爱。

“真正的。”杜识泠对我说的时候神情端正，“林格子，你知道吗，人这一生，你总会遇见一个自己想要倾心去爱的人，如非这样，你的人生，也实在太失败了。”

我低着头笑了笑，说：“对啊，太失败了。”

“你怎么了？”杜识泠忽然伸出手摸了摸我的眼睛，“你为我高兴得泪流满面了？”

“狗屁啦。是风太大了。”

我别过脸，泪水终于慢慢滑落下来。

就在那一瞬间，我恍然想起某一天，在杜识泠无助的眼神里，骤然熄灭的那一盏灯。我曾无数次把我们归类为同类人，我总是幻想着我们会惺惺相惜地走完这一生。

可事实上，我们终究还是不一样的，他已经找到那个愿意为他点灯的人，而我的世界，在他离开以后，也最终只剩下一片虚无的永夜。

我突然想起写在阿珍诗集扉页上的那句诗——

“那年的杜鹃已化成次年的春泥，为何，为何你的湖水碧绿依然如今？那年的人事已散成凡间的风尘，为何，为何你的春闺依然年轻？”

如今细想，杜识泠，你便是我生命中碧绿的湖水和盎然的春闺。你离去，我便化为倦鸟，日日啼唱，这曲无人应和的昨日歌。

许白与周汤汤

李寻乐

1

周汤汤当了许白跟班好多年，久到哪天许白三分钟没看到周汤汤心里都有些空落落的。

还记得许白刚转到周汤汤学校的时候，正好分到她班上。他一脸高岭之花的样子着实吓坏了想要接近他的同学。除了周汤汤。她第一时间瞄准许白桌子上的盆栽蛋糕，厚着脸皮各种谄媚地看着许白。

许白最后还是把蛋糕给了周汤汤，从此周汤汤头也不回地做起跟班。

2

太阳从东边升起，然后往西边落下。许白喊周汤汤往东，她是不敢往西的，毕竟许白可是她的“衣食父母”。高考前夕，H城连绵不断地下了几天雨，似乎整座城市都带着一些躁意。放学的时候，许白拉着周汤汤到了学校天台。四下无人，他拿出准备好的蛋糕满不在乎地说：“你准备考哪个学校，总有个准备吧。”周汤汤怔了怔，有些失神地望着远方，语气轻又淡，“C大。”

他盯着周汤汤的侧脸，手心里全是冷汗，“你完全可以去A大啊，以你的分数稳稳的。”周汤汤没有回答，可眼神里的向往与憧憬都落在了远方，也许因为苍天，因为白云，因为某人。

许白想了想，还是把要说的话给咽了下去。

录取结果出来的时候，周汤汤果然去了C大，许白倒是成了匹黑马去了A大。同学们都在为周汤汤惋惜，也为许白高兴，更为她和许白的缘分断开而感到叹息。可许白知道周汤汤该是开心的，至于他，也比想象中的要难过。

3

报到的第一天，许白刚把行李放好，擦拭干净床铺，就接到了周汤汤电话，话里全是抑制不住的欣喜阳光。她说她如愿地见到了顾城，还是他的直系学妹，她更准备加入他的社团。许白认真地听着周汤汤的话，没有半点儿遗漏，尽管大多是介绍顾城的，可他依旧听得津津有味。周汤汤最后忍不住抱怨着学校食堂偏辣，每次去吃饭总是辣得她胃疼。更关键的是，她想许白的盆栽蛋糕了。

好歹也是跟随自己的好多年的跟班，总不能不满足她的要求，他向来是一个仗义的老大，许白不由得意地想着。他隔天便去超市打包了一份做蛋糕的家什，周五一个上午做好了蛋糕，还是她最喜欢的抹茶味，然后赶着最近的一趟火车去了B城。许白特地登入C大官网查了周汤汤的课表，小心翼翼地拿着蛋糕装出无所谓的样子等在教学楼下。风吹过香樟，带起好闻的香味，许白顺着微风看到远处的周汤汤，更看见那名站在她身旁的男生。玉树佳人，般配无比。他跟着周汤汤到了面包房，看见那个男的递给周汤汤的盆栽蛋糕，看着两人之间若有若无的粉色泡泡，然后干脆利落地买了返程的票。

有时候就是要干脆利落些，许白自嘲地想着。

下学期的时候，周汤汤和顾城在一起了，许白听说后立马打了个电话给周汤汤道喜，隔着电话，声音还有些模糊，他认真地说：“周汤汤，希望你和顾城好好在一起。”电话那头沉默了许久才传来声音，隐隐有份担忧，“许白，你会遇见更好的人的。”

许白知道周汤汤一直都明白自己对她的心意，不然当初那盆栽蛋糕怎么会轻易拿到。自己不也是仗着那人的影子而绑住周汤汤的吗。

窗外月光明亮，却又似乎明月无光，他看着摆在一旁的蛋糕，轻轻叹了口气。曾经所有想到的未来都有你，听人谈起爱情的时候总会想起你。可惜时光之里，山南水北，你我中间人来人往。

4

在周汤汤忙着和顾城谈恋爱的时候，大三那年，许白在学校对面开了家蛋糕店，店里全是各式各样的盆栽蛋糕，店名叫作“淇水汤汤”。

周汤汤听说后发了条信息问许白什么意思，许白只回复了一个笑脸。她犹豫了好久还是没有继续问下去，有时候不说清楚往往更好。

也许是店名太过文艺而吸引了不少文艺青年，许白每天忙得脚不沾地。植树节那天，他像往常一样抱着两大袋面粉和鸡蛋回到蛋糕店。天气很好，凉风习习，天边还挂着残阳落日。他开门的时候敏锐地发现躺在店门旁的不明物体，出于人道主义，他卷起袖子准备把那收拾了。可当他离近时才发现，那是周汤汤。

布满血丝的眼睛，灰头土脸的样子，和平时大大咧咧的周汤汤没有半分相像。许白把周汤汤喊醒，原本还想好好质问下她怎么会这样子出现在这里，却在看着周汤汤的时候停住，有些茫然有些温柔，似乎还叹了口气，“怎么了？脏死了。”

周汤汤看着许白好久，结结巴巴地吐出几个字来：“老大，我好想你。”可之后任凭许白怎么追问，她却坚持不说原因。许白隐隐猜到应该和顾城有关，可看着周汤汤脆弱的样子忍住了心里的好奇。

5

周汤汤在许白的公寓待了一个礼拜，许白也不问她学校的课怎么办，就这样放任下去。直到某天周汤汤吃着盆栽蛋糕，对着电视里的旅行频道，兴奋地对他说："老大，我们去旅游吧，就明天怎么样。"许白想了想，手上不轻不重地捶着周汤汤的额头，然后欣然应好。

不过一天的准备时间，许白联系了学校骑行社的同学，厚着脸皮要了两份去西藏的路线图和装备，然后在第二天便踏上了旅途。

5月23日，成都——邛崃——名山。

5月24日，名山——雅安——天全——新沟。

5月25日，新沟——二郎山——泸定。

5月26日，泸定——康定。

5月30日，新都桥——高尔寺山——雅江——相克宗村。

6月11日顺利到达拉萨。原本还带着丝丝刻意地想要散散心，可心里的硬刺却自然而然地软化。酥油茶的清香，牧民的情歌，色彩亮丽的经幡飘在玛尼堆上，布达拉宫的阳光温暖无比。布达拉宫人很多，许白小心地把周汤汤护在身后，周汤汤也听话地没有乱跑。嘈杂的声音四处流动，许白却似乎听见有人在喊着他名字，他正欲回头，一双手主动握了上来。他隐隐约约看见周汤汤有些紧张地喊着他的名字，说着什么话。

——许白，给我做一辈子咖啡吧。

——未来要是一路有你该多好。

许白眉眼间满是诧异，他有些欣喜有些犹豫，甚至带些慌张。然后结实又有力地把周汤汤的小手握住，不满意地说着："你可别走丢了。"

6

许白猜想周汤汤应该是和顾城闹矛盾了，分手了，所以找上他来。可他无所谓，反正周汤汤过去多少年的主权都在他那儿，顺手接管一辈子也无所谓了。

谁让她是周汤汤呢，谁让他愿意给她做一辈子的盆栽蛋糕呢。

周汤汤想起那时候拒绝顾城准备的出国名额时的果决，一如当初填写志愿时的坚定。只不过那时是为了顾城，而现在是为了另外一个人。可这又有什么关系呢，她想她大概心里无论如何也驱逐不了许白吧。她一直以来念念不忘的那个少年，和他送她的盆栽蛋糕再也不能牢牢占据她的心了。从今以后，她该正式把许白放进心里了，端端正正，老老实实地。

少年时期的许白曾经因为害羞而把蛋糕转交给另一个人，送给心爱的女孩儿。女孩儿整个青葱年华却只记得另一个人。却未料兜兜转转好多年，他终究亲手承包了女孩儿的蛋糕供应权。

此后人潮再拥挤，余生再漫长，岁月多风雨。

他依旧甘之如饴。

一无是处的热爱

陆宵，有件事情，我得告诉你。

我这人，运气一向不好。我知道，自己攒了快二十年的人品都用来遇见你了。坦白跟你说，我觉得自己命里什么都不缺，就缺你。光鲜一点儿地说，陆宵，你护过我那么多次，换一次我回报你，是应该的。

陆宵，我好喜欢你。

一无是处的热爱

林宵引

1

这是我今年最后一次梦见陆宵。

梦中是凌晨三点，他在打游戏，我等着他打完，很轻地同他说了句话。他侧身过来，还是往常那副不咸不淡的样子，“你说什么？”

我说：“生日快乐。”

昏沉的夜晚，有人推开门，透进来一线线光，夜晚忽然被染了个通透，静谧也戛然而止。来的那个人唇红齿白，及肩的发看起来柔软至极，捧着一束满天星，出口便是一声清脆的：“陆宵。”

假如说，我愿伴他在黑暗无际的汪洋上漂泊，那么这个人，大概是能让他回归蔚蓝海岸的灯塔。人与人，在某些时候，确是能有这般云泥之别。

至此便知，这梦是白做了。

2

陆宵还在玩泥巴的时候，他起手那么几下，我就知道他这要砌的屋子是西式还是中式。他十三四岁才开始长高，长势竟一发不可收拾。等到终于从一米五几的小冬瓜蹿成一米八几的挺拔身姿，眉眼也出落得极其凛冽，颇有点儿薄情的味道，又让人移不开眼。

沉迷于他无法自拔的小姑娘是不少。若是毫无人道地把姑娘们垒一起，能叠一座壮观的金字塔了。但我是谁？我是陆宵肚子里的蛔虫啊。盯着他的眉眼不过半秒，我便知道他唇边即将滑出怎样的话。

“抱歉，现在还是以学习为重。”

“对不起，我暂时没有这方面的想法。”

陆宵生生把自己塑造成了山巅雪松，可望而不可即。但我想，大概只有我知道原因。

因为他家穷，走投无路的穷。他爸爸早年欠了一屁股恶债，东躲西藏极少露面，他妈妈原本就过得捉襟见肘，又因此被讨债的打进医院，没住满一个月自己跑出来了。

街坊邻居都知道的，每逢大年三十，喜气洋溢在街坊邻里，就有五大三粗的男人挤进他家要债。我奶奶每次坐在炉子边织毛衣的时候，都要叹口气：隔壁陆家母子真不容易，也不知道上辈子是欠了谁，要遭这种罪。

我去他家蹭饭的时候，听见他妈妈在厨房里对着他低语：“儿子，我们家没那个条件去高攀别人。”对于一个十七八岁的少年来说，这样的话砸在心上，会是怎样的分量？

陆宵他只能把心越收越紧。

所以在绝大多数学生荷尔蒙沸腾的时期，只有他，浑身充斥着寡淡意味，极少数人能近身。而我早就调侃过他：陆宵，追你的那些姑娘里，条件好的是多数，干脆找一个，以后想干什么大事也有了资本援助啊不是？

他不置可否。谁在那样落魄的岁月里，不会想着能有个人来拉自己一把呢。若是能遇到一个人，披荆斩棘只是为了向一无所有的自己奔赴而来，多少都会动心吧。

但他也说过，选择自己走过这片荆棘。所以我还是满怀希冀的。

他至少允许我，陪他共苦。

3

而我其实知道的，陆宵在这样漫长煎熬的岁月之中，悄悄把谁放在心尖的位置。毕竟我跟陆宵同穿过一条裤子，他的心意在何时忽然有了转变，我能猜个八九不离十。

那天我妈在院子里烧烤，又摆上了一桌麻将，原本大叔大妈们时不时还会照看烤架，到最后干脆使唤陆宵忙前忙后，霜冻的天气里他的眼睫毛都在垂汗。

陆宵的爸爸突然来了，邻居们脸色都不好，但看几分薄面让他加入。他浑身都是浓重的酒气，才玩三局，输了之后发狂一般掀起了桌子，口中嚷着不玩了。

被他掀起的麻将桌撞到了一旁的烧烤架，而倒霉的我正立在边上，等候陆宵烤好的鸡翅膀。就是那个时候，他做了件事，让我觉得这辈子都得向着他。

他紧紧地拥住我往草地里摔，不要命地摔，我周身都缭绕着危险至极的气息，和他身上的烟火味道。

电光石火的刹那，我想，他是我的整个人间。

当我沉浸在这氛围之中，他却一声不吭，抬头望着对面那栋别墅。极大的落地窗，被薄纱的帘子遮去了大半，没遮住的正好能容下一个身影。我再看去，分明空无一人。

我赶紧催他，“不疼吗？傻愣着干什么？快去医院啊！”

他的脖颈因此有了一道深深的烙印。我心痛的同时，竟莫名又多了几分骄傲——他身上这块印记，是同我有关的。

4

说实话，我是愿意陪他，像传说那般上天入地下黄泉，可命运偏偏不允。

对面小别墅上住着的小姑娘，终于同我正式打了个照面。摸着良心说，她大概是我见过最漂亮的小姑娘了，长长的卷发垂在肩侧，礼貌地立在她妈妈身边，安静地听着长辈们的寒暄。

“以后就是邻居了，我们刚搬来不久，希望孩子们能处好关系呀。”话是这么说，但小姑娘的妈妈，姿态之中惯有的矜贵，仍令人生出疏远之意。

我一副很稳重模样，朝着小姑娘笑道：“我们会好好相处的，阿姨。”而后转向小姑娘，“你好，我叫江千千。”

而她，直直地看向立在一旁低着头倾听的陆宵，笑着，有一个甜死人的酒窝，“你好，我叫林梦。”音色清脆，像极了融冰时节山涧的声声清泠。我下意识地偏头看了眼陆宵，他仍是一副雷打不动的神情，但狡黠如我，将目光从他的侧脸缓缓后移。他的耳根一寸寸染红的同时，我的心也一点点凉了。

这一幕后来在我的梦里数次重演，如果我能改写命运就好了，第一件事就是把林梦从陆宵的生命中抹去。

5

然而我没有什么大本事，只能眼睁睁看着命运向未曾预设的轨道前进。

原本是没什么大碍，看起来只是林梦对陆宵一见钟情，陆宵害羞罢了。毕竟在我的视线范围内，他们几乎不碰头说话。那时的我觉得，这个小姑娘同从前成群结队的小姑娘是没什么区别的，陆宵有自己要忙的事情，学业、奖学金、光明的前程、一洗家贫。搞不好陆宵一努力，不到三十岁就走上人生巅峰了。

但我似乎想岔了。或者说，陆宵自己突然走岔了。

他有一次竟然被我碰见去网吧打游戏，那会儿我刚和泡泡堂里的搭档打完一局，就碰见陆宵在对面狂点鼠标奋勇杀敌。我很想冲上去拍他脑瓜子：你妈妈辛辛苦苦供你读书，你怎么能这样？

挣扎半天，我还是安安静静地离开了，可能最近压力太大，他也需要找个宣泄口吧。然而陆宵去网吧的次数越来越多，直到连班主任都发现了。我就蹲在办公室门口偷听。

班主任很生气，“你是我们的年级前三！成天泡网吧，不高考了？”

陆宵打个哈欠，“老师，您看我成绩有退步吗？”我几乎可以想象到他慵懒地掀了掀眼皮的模样。

班主任钢尺往桌上一摔，“这就是你玩物丧志的理由？”

陆宵沉默了一会儿，缓缓开口，“老师，人总有自己的梦想和选择。”

“呸，打游戏能有什么出路。”

接着陆宵被赶出来了，正好碰上蹲在墙角的我。我一脸无措，他倒是很自然地把我拎了起来，“千千，说出来你可能不信，我打游戏都是免费的，他们说我打得好，让我带他们玩，点卡替我充，网费都是他们给。”

我心里纵使有千万句“胡扯”弹幕一般滚过，但对上陆宵那张脸，我就不由自主地软了下来，“陆宵，我信你的。”

陆宵，可能全世界都对你保持质疑的态度，可是我无论如何，都是会站在你这一边的。要是你爱打游戏，等我能赚钱了养你都成，你也别太在意别人的目光，咱俩开心就行。

那你呢？信我吗？

6

这个问题的答案，时至今日我都没找着，我感觉这辈子是找不着了。

陆宵的成绩依旧平稳，高考前还呈现递增趋势，最后一战，他没有悬念地拿到了重点高校的录取通知书，而我跟着他，去了同一个城市，不在一所学校，但在同一个大学城区。

最烦人的是，林梦的学校距离他更近。

上大学之后的社团活动极其丰富，陆宵节衣缩食，打工挣钱，买了一个游戏笔记本，又通过学校有名的游戏社团，加入了电竞队伍。

那时候电竞职业在大部分人眼中，还只是个不正经的玩法，年轻人最爱。父母总爱说，等他们懂事了就明白，不能靠这东西吃饭。

但陆宵，偏偏就打破了人们的这种固有观念。他加入电竞队后，整天琢磨，当上了队长，越打越来劲儿，还打去了明星对抗赛。

当著名歌手兼电竞爱好者的粉丝唏嘘的同时，陆宵和队友几乎是一起从椅子上跳了起来。

赢了！赢了！

陆宵还未结束学业，就拿着一份可观的薪水去打职业电竞了，而粉丝也从纯男性慢慢地变成女性占比更多，每次直播，评论区都会有人刷：天哪，陆宵好帅！陆宵你有女朋友吗？你看我行吗？

他每次直播，我都要蹲点围观的，每次遇到这种评论，我就冷笑一声，打字道：陆宵不找对象的，谢谢。

我室友倒是觉得好笑，“你这样给他招黑啊，这么说来那些妹子岂不是都没有希望了？”

我端起泡开的红茶，轻轻吹开茶叶，“那倒不是，只有一个人有希望吧。”

室友赶紧凑过来，“你在说你自己吗？”

我一愣神，涩涩回应，“当然。”

当然不是我。我不是不明白的。

7

我知道陆宵拒绝了林梦多少次邀请，但没想到小姑娘竟然比我想象得更大胆。在一次十分激烈的电竞比赛尾声，陆宵和他的队友被粉丝们簇拥着走过通道，走了好长一段路，都还有粉丝尾随，那天我就在他旁边，示意他身后还有人，他正想回头劝粉丝早点儿回家，一转身，却愣住了。有个人冲上来扑在他的怀间，甜甜的气息，我在一旁嗅了个清清楚楚。

是林梦。

陆宵眼眶不知怎么有些红了，把她推开，低声对她说：“赶紧回去。”她眼眶也泛着红，摇着头，不愿意走。

腻歪。我拉了陆宵，转身就走了，留她一个人浸在夜色里。我侧过脸去看陆宵，忽然看到他脖子上那道当初被烙上的疤，瞬间就恍了神。陆宵突然将我的手臂轻轻摆开，“千千，小梦她一个小姑娘留着不太安全，我送她回去吧。”

这下，是我一个人留在夜色里了。

8

那天之后，我就一直不在状态了。我真的不介意陆宵跟我演一辈子的戏：千千，你是我从小到大关系最好的玩伴。

那你最好的玩伴，今天跟你要一样东西，成吗？

我不要名利，不要众人追捧。我就想要，你能稍微喜欢我一点点。

陆宵最大的电竞对手许林跟我表白那么多次，我可曾动过心？他也是个被姑娘们捧手心都怕摔了的人啊。

陆宵还是保持着每周都会同我一起吃饭逛街玩的节奏，偶尔还带我打游戏，只有在许林突然从路边蹿出来要约我的时候会稍稍皱眉。对于这样半路杀出来的邀请，起初我是拒绝的。

但渐渐地发现，没有什么新的事情能引起陆宵的注意了，关于我。如果和许林约会，能让陆宵稍稍皱眉，那我也乐意。在他生命里难以令他的情感泛起波澜的我，只有在这种时候，才能找到自己的价值。

不得不承认，我是一个极端的人。但谁说极端的人就不会控制自己的情绪？我原以为全世界，至少陆宵是和我同一战线的。

我好像彻彻底底地错了。

9

我错在高估自己在陆宵心目中的位置，也错在从未想过许林也许怀了他意。

重又见到许林的时候，我才恍然发觉，他已经大半个月没在我面前秀存在感了，今天跟我发消息说这边有个很有意思的派对，让我一起来玩。果然，一个人在你心里没什么分量，就占不了你心里多大的地方。我跟许林，是同一种人吗？

是同一种人吗？卑鄙，黑暗。

当他身边的那些兄弟，把林梦绑在仓库的时候，我心里只跳出了这两个词。我看着绑在椅子上被打晕过去的林梦，心里闪过了无数个念头，想过了无数种情节，结局无非一个，她光荣牺牲，为了不让陆宵在电竞比赛因为威逼而向许林低头妥协。

许林是揉着眼睛走出来的，一副懵了的模样，然后问我：“千千你怎么来了......”

我很平静，“别装了。你们是不是以为，林梦是陆宵的女朋友，能对陆宵产生威胁？简直……”我话音未落就被许林的兄弟抢了先，“别以为我不知道，那天我都看见了，陆宵亲自送她回家，俩人亲密得很。”

许林反手一巴掌抽在了男生脸上，“闭嘴。”他竟紧张地看向我。

“有什么好紧张的，都做出这种事了，还在意我的情绪吗？”我也不是不知道，陆宵为什么一次又一次地拒绝林梦的邀约。

我曾在夜色里问过陆宵：“阿宵，你是不是喜欢林梦？”

他没反应过来，过了好久才喃喃自语：“我对她……还不够冷淡吗？”

因为打电竞的对手太多，又碰上了最难缠的许林队伍，怕别人伤害她。最致命的，还是骨子里的那种自卑。所以陆宵把她放在很高很远的地方，小心翼翼地，甜蜜地，悄悄地回应她的喜欢。

我只有在求佛上香的时候才会念一念，满天神佛啊，让陆宵喜欢我一回吧。那我想，陆宵大概是在每回夜色阑珊的时候，在院子里假装看星星，然后望向她家的窗台。心里经久不散的喜欢，浓得要满溢了吧。

许林全程没怎么出头，一副没睡醒的样子，倒是他兄弟，气势汹汹，“我们拼了这多年，就这样被他们这群小白脸骑上来了？”

“谁说陆宵是小白脸？他电竞技术比你好太多了吧。”我忍不住反驳，他手里的啤酒瓶哗的一下就在桌沿敲碎了，指向我。许林想拦住他，却被他拿着碎瓶子指了回去。

陆宵终于到了，在白雾茫茫的，冬日的清晨，出现在仓库门口。我望向他的那一眼，让我恍然梦中。忽然就明白，什么叫作一眼万年。

我正要开口，却被许林的兄弟抢了先。他当着陆宵的面，字字句句直戳人心，“看你应该很喜欢陆宵吧，那我现在替你把她绑来了，想怎么着，你看看？”

陆宵难以置信地看着我，我知道百口莫辩，难以置信地看着许林。

许林的兄弟看起来已经没有了理智，挑衅地对着陆宵，“你说，我这瓶子，扎她，还是扎你？”他指着仍在昏睡的林梦，大笑道：“我就往手臂、脸上，这些不致命的地方扎，你放心好了，要命的事情，我们不会做的。”

陆宵冲到他面前，“别碰她。”

喜欢一个人，就可以把事情做到这样的地步，是吗？

瓶子狠狠地在陆宵手臂上扎了一道，他脸色一瞬苍白，脚下却还站得稳稳的，“来，继续。”

大概是陆宵不要命的言行激怒了他，他要扎向陆宵脸上的瓶子忽然转了方向。

就是那个瞬间，我冲上去，往陆宵身前一挡。突然间，全世界所有的光明都无所遁形，黑暗太过嚣张。我听见陆宵喊我的名字：“千千，千千……”也听见了那个没脸没皮的许林喊我：“江千千！”

真没意思。陆宵这辈子，只有这一天，喊我喊了最多次，也最温柔吧。

10

陆宵，有件事情，我得告诉你。

我这人，运气一向不好。我知道，自己攒了快二十年的人品都用来遇见你了。坦白跟你说，我觉得自己命里什么都不缺，就缺你。光鲜一点儿地说，陆宵，你护过我那么多次，换一次我回报你，是应该的。

陆宵，我好喜欢你。

11

消毒水的味道已经忘记嗅了多久，如果能说话，我真想说，陆宵，带我回家吧。昏昏沉沉之间，耳旁机械的声音始终绕个不停，真烦人。陆宵，帮我把它们都按个静音吧。

陆宵，我刚才梦见你了，这是我今年最后一次梦见你，来年的春天很快要到了。

总有一天，你也会梦见我吗？

初恋这件小事

十一醉

1

我喜欢一个人，这件事除了我自己，谁也不知道。

2

长得帅成绩好喜欢打篮球的男主角，偷偷喜欢他的女生肯定不止我一个，那时候的我喜欢和死党一起在他面前晃来晃去，经过他身边时，笑声和行为都会刻意变得夸张，企图引起他的注意，比如只不过是结伴上厕所，但看见他站在走廊上，会莫名地就冲死党喊出了“记得带好卫生巾”这种无比丢脸的话；又比如一场普通的音乐测试，大家纷纷上台深情演唱，跑调得再厉害，老师也会给及格，可轮到我上台，一看见他在台下心不在焉地玩手机，就忍不住唱起了《葫芦娃》。

我做得最夸张的一次是，在饭堂里吃饭，因为赶时间回宿舍洗澡，也没看椅子是否干净，于是一屁股坐下去，才惊觉椅子不干净，然而更可怕的是，那天饭堂吃西红柿炒蛋。本来我还想着问同学借外套挡一挡的，可偏偏这时让我瞧见他在不远处和别的女生一起吃饭，于是脑袋短路，直接不顾脏了的裤子，大摇大摆地从他面前经过，然后善良的他喊了我的名字，尴尬地提醒我裤子脏了……

紧接着，发生了我这辈子都不愿回想的一幕——我一直到现在都不明白当时自己是怎么想的，为什么会那么有勇气，霸气十足地回了一句："没见过'大姨妈'啊？"

只是，后来我没想到这个人生不可磨灭的污点会让他对我印象深刻。那时候太傻，在得知他听到别人问我名字时，会反射性地说出："你说那个大姨妈吗？"这件事之后，便一根筋地认为，故意出糗，是唯一能让他记得我像我记得他那样深刻的事。

那时候微信微博还未普及，我就跑到网上的论坛去说了自己的"壮举"，还附加自我评价，说这是为爱勇敢。

下面有人回复：我看你这是为爱犯傻，要是真勇敢，你怎么不去表白?

瞬间我如遭雷劈。

3

后来事实证明我的确是犯傻，勇敢二字于我而言，是连边都未曾沾上。

要说我怎么敢不顾面子出糗，却无法大声说出喜欢，这和人性的矛盾是有关的。就像某些女人会抱怨穿高跟鞋累人，却不会穿着板鞋去逛街一样。选择事件的后果程度，导致人性矛盾产生，穿高跟鞋只是累而已，不穿可是会在别人眼里降低一个档次啊！而我出糗只是让别人取笑而已，去表白的话就会被他拒绝啊！

我就是宁愿做五百件肯定能换他一个回眸的糗事，也不愿说一次可能会换来他拒绝的表白。

就这样，我做了无数件糗事，但这反而让我在莫名其妙的情况下，和班里的男生混成了兄弟。

我终于可以光明正大地和他厮混在一起，即使我身高不足一米六，也根本不会打篮球，但当人数不够的时候，我还是兴冲冲地自动加入到自己根本不喜欢的游戏里。

结果当然是被篮球砸得鼻青脸肿，导致队友们纷纷劝我下场，正当我沮丧得不知道怎么办时，他突然跑来跟我说："看你挺喜欢篮球的，我教你好了。"

当天晚上我激动得睡不着，通宵将上网找到的NBA常识背了下来，可惜一觉醒来，又忘得差不多了，只好再背一次。

由此我陷入了背完就忘，忘了再背的恶性循环中，我也不知道做这些有什么意义，就心里总觉得这样做，能多了解一点儿他的世界，离他更近一些。

4

在那个荷尔蒙分泌旺盛的年纪，我一次又一次地梦见他先跨出那一步，对我说喜欢，然后低下头来温柔地吻我，若我在故事尚未结束时醒来，便只能在夜深人静时幻想他唇上是否真如小说里描述的那样，带着青草和薄荷的香气。

我是那么虔诚地相信着"梦想成真"这个词，傻兮兮地给他买好多薄荷味的润唇膏，嘱咐他注意干燥的天气。

然而我所期待的吻一直没有到来，只有繁重的课业压得我喘不过气，让我想不顾一切地爆发。

我像照料金鱼般小心翼翼地呵护着自己的情绪，拼尽全力压住那个"一时冲动"，假装随意地问他，要不要趁着大好时光谈一场不枉此生的恋爱，结果他严肃地告诉我，他不想早恋。

闻言，我便暗暗和他赌气，在心里回答，你说你不想早恋，没关系，那我就耐心地等，我可以等到过了年少轻狂，过了懵懂青涩，再来告诉你，我喜欢你很多年了。

时间替我作证，我对你如此认真。

5

这一等，又是漫长的时光。

直到花季凋零青春耗尽，我们的关系还是暧昧不明，别人都在早恋的年纪，我的初恋却迟迟未到。

讽刺的是，当我三番四次调侃他什么时候才愿意找个女朋友时，他腼腆地告诉我，不是他不愿意找，是没勇气去追求。我一边兴奋地煽动他去表白，一边旁敲侧击地追问他喜欢的是谁。

结果他喜欢的，当然不是我。

我顿时若坠冰窖。

我冷眼旁观他费尽心机只为和她说上一句话，又或者假装很忙，不去听他说关于她的事。

这就导致那之后很长一段时间，我一边撕心裂肺地想念他却又一边千方百计地躲着他。胆小如我，甚至想过放弃。

喜欢一个人就是这样，我可以为他赴汤蹈火万死不辞，纵使千万人阻挡，我也会奋勇向前，什么都不能将我打败，但当我得知他也会为了另一个人，做我现在为他做的事，我就觉得支撑自己多年的信仰轰然倒塌。

曾经在某电影里看到过这么一幕，男主角因为某件事误会了女主角，于是羞辱她的爱情，还铿锵有力地掷出一句“我不爱你了”。

坐在我前面的女生顿时特别认真地跟她的男友说:“以后分手你绝对不能说你不爱我了，这样太残忍。”

现在我忽然好想告诉她，他说不喜欢并不残忍，最残忍的是他告诉你，他喜欢上另一个她。

6

我虽做不成撮合他们的好人，也不至于会恶劣地破坏他的追求计划，我只做好心理准备，安安静静地看一出会让自己掉眼泪的戏。

秉承六字箴言——不再见不再贱，我成功地置之死地而后生，不再一想起他就泣不成声。

可能重色轻友都是人类劣根性，起初他还惦记着我这个“兄弟”，来找过我几次，后来发现我似乎变得不待见他了，他也就失去了那份热情，仅和我维持着平淡如水的君子之交。

再后来辗转听说他已将心上人成功追到手，我也曾在一个雨天，偶然看见他与她共撑一伞，她娇笑着躲在他怀里，借以避开飘进伞里的雨丝，他宠溺地护着她，直把伞倾往她那边，不介意让雨淋湿半个肩膀。

他们匆匆从我身边经过，没注意到我这特别的路人，那凌乱的步子踩中一旁的水洼，溅起的水花沾湿了我的裤脚，凉意钻透我的四肢百骸。

当时我问，自己这是怎么了?

男女主角不负众望，最后终于在一起，故事落幕，曲终人散，配角退场，我本该笑看这出戏的圆满，可为何落下的泪里，尽是遗憾?

7

最终我都未能将深藏的爱意，诉之于他。

更没想到那么多年感情，化作文字铺于纸上时，竟只有短短两千多字。

虽然过程不外乎是，我喜欢他，倾尽年华，后来，我们没有在一起，从此各散天涯。

他也问过我的感情史，我只告诉他，我曾经喜欢一个人，这件事除了我自己，谁也不知道。

于是他就这么毫不知情地看着我勉强挤出的笑脸，笑着说我傻。

那声音回荡在我的脑海，一遍又一遍。

你好傻。

我捶了他一下，跟着笑。

这是我的初恋，连幕布都尚未揭开，戏却已经演完。

那屏幕前的你呢，你们的故事，有没有后来？

全世界在为我鼓掌，只有你担心我受伤

Z姑娘

遇见你的眉眼，如清风明月

整个实验中学的C班，只有蒋楚楚最听老师的话，比如校长正巧在班里最乱的时候来巡视，班主任气得让他们每人抄三遍《弟子规》，周五不抄完不准放学。等周五班主任已经忘得一干二净时，蒋楚楚一定会拿着抄满了字的本子提醒班主任。

于是那个周五，除了蒋楚楚外，C班所有的人都被留了堂。蒋楚楚走出校门，喊上等在一旁的闺密，夕阳刚刚开始涂抹云朵，整个天空像一朵微绽的玫瑰。

闺密听蒋楚楚有点儿苦恼地说完这件事，大惊失色地喋喋不休“一定会有人报复你的”。

蒋楚楚瘪瘪嘴，“那也没办法，我得赶去大排档帮忙了。”

蒋楚楚的爸爸在她很小的时候就去别的城市打拼了，之后便杳无音讯。阿妈自立门户，为了生计开了家烧烤铺子。在蒋楚楚很小的时候，她依稀记得那还是个街边的大排档，没有固定摊位，而且还要给路边的痞子交保护费。

后来阿妈用赚来的钱买了块不错的地皮，自己建了一个有法式浪漫又接地气的文艺大排档，无论什么档次的人都能轻松走进来，加上烧烤是独家研制了数十年的结晶，每天从黄昏开始，天气微凉下来，大排档便忙得不可开交。

阿妈不舍得花钱雇佣人，她想给不太聪明的蒋楚楚尽可能多的生活保障，而蒋楚楚虽然功课普普通通，没有梦想也没什么心事，却也着实快乐，每天唯一上心的事，就是放学后以百米冲刺的速度跑到大排档给阿妈帮忙。

所以蒋楚楚第一次见到许深渊的时候，穿着围裙的她下意识地试图挡住自己的脸，却不小心让袖口溅上零星的火光。

和许深渊一同大快朵颐的男生纷纷站起身大呼小叫，只有许深渊飞快地举起桌子上的西瓜汁泼到蒋楚楚的旧衣服上，红色的汁水滴滴答答，烧灼感在一刹那被冰块冲击，蒋楚楚吓得半天没回过神来，阿妈跑过来不停地道谢，主动提出给他们免单。

许深渊却执意不肯，“阿姨，这只是举手之劳，我两个表弟都那么喜欢吃烧烤，您家做的又干净好吃，谢谢您还来不及呢。”

“可是没有你，我现在肯定在医院。”心有余悸的蒋楚楚拍着胸口喘气，丢在一旁的书包慌乱中被倒得乱七八糟，散开的试卷上布满了红色的大叉。蒋楚楚手忙脚乱地收拾，许深渊说：“那就换我帮蒋楚楚分析完这张试卷吧。”

“那可太好了。”阿妈激动得跑去给许深渊的表弟烤鸡翅，蒋楚楚站在原地，掐了掐自己的胳膊，忍不住倒吸了一口凉气，“真疼。”

蒋楚楚第一次庆幸自己物理没有一点儿功底，许深渊带她一起改正完试卷的时候，大排档已经打烊了，好在灯光昏暗许深渊应该看不清她绯红的面颊。

临分别时，蒋楚楚觉得月色像一只兔子，安静后是心慌意乱地“咚咚”直跳，于是她鼓足勇气问许深渊：“等下次你再来吃烤串，还能这样教我吗？”

许深渊点点头，蒋楚楚雀跃起来，“下次来给你打折！”然后回家的那一路一直在反复思考，下次来深渊该记住她的名字了吧？她可是在很久很久之前，就知道他了呢。

全世界都为我鼓掌，只有你担心我受伤

蒋楚楚去大排档去得更勤快了，她还精心准备了一本错题集。

可是像《小王子》里的狐狸最后只收获了麦田的颜色一样，她也只收获了期盼着等待的心怦怦直跳的时光。

蒋楚楚忍不住了，更何况下个星期一又有一场测验，周五的放学铃打响的那一瞬间，她就背上书包“嗖”地蹿出了教室，一拐弯一道黑影迎面压过来，她想避开，整个人一歪就飞了出去。

蒋楚楚疼得泪水涟涟，听到角落里“扑哧”一声笑，她气急败坏地抬起头，就立刻将疼痛抛到了九霄云外，“许深渊，你怎么那么久不去大排档吃烧烤了？”

“是不是我的问题太多影响到你了？”

还有一句她没有说出口，为什么每次出现在他面前，自己都是那么狼狈的样子？

许深渊看着这个问题像连珠炮似的却一本正经的蘑菇头，只觉得好笑，他伸手拉她起来，“一起走？”

蒋楚楚就什么都没问，在心中把自己幻想成电视剧的女主，心甘情愿跟随他浪迹天涯。

事实证明蒋楚楚真的想多了，许深渊在路上有点儿抱歉地问她能不能在大排档赊账，自己的零花钱给好友买了礼物，又想请几个哥们儿吃一顿烧烤。

蒋楚楚仔细想了想，还真没有过这样的先例，但她在口袋里大概数了数纸币，决定不择手段地待在他身旁，骗许深渊只要吃完后留下来给她讲完所有不会的题目，像上次一样免单都完全没问题。

直到往鸡翅上反复刷辣酱的时候，蒋楚楚才后知后觉地发现，今

天是许深渊主动找自己，她兴奋地跑到阿妈那里，端上给许深渊的加菜，逆着人流走到他们的桌旁。几个男生喝果酒也喝得云里雾里，蒋楚楚正准备叫许深渊，突然听到了自己的名字，随即停下了脚步。

那么喧嚣的大排档里，蒋楚楚听到一个男生说："这个很搞笑的小姑娘我知道，是C班的一朵奇葩，她喜欢你吧？"

蒋楚楚低头看看自己，穿着抹满了油的围裙，白天被老师视而不见，晚上被各种各样的顾客吆五喝六，而成绩好又善良的许深渊如蹑足而至的温柔，好看的眸光在这个夜晚像星辰与大海，可如果倒映着的是她这副鬼样子……

蒋楚楚慌了神，以至于没听见许深渊得意的笑声，"是啊，这家烧烤店是她家开的，经常给我免单呢。"

与此同时，蒋楚楚声音清亮地说："你们别瞎说，许深渊是我的老师，我请他吃烧烤，他教我功课而已。"

十七八岁的男生没有一个不爱面子的，可是蒋楚楚只觉得与自己撇清关系，许深渊才会格外有面子，在哥们儿此起彼伏的嘲笑声中，许深渊铁青着脸，"这种世上绝无仅有的笨蛋，我宁愿花钱也不想费心思教，我再也不会来这里了。"

蒋楚楚端着的盘子就那样直直落在了旁边一个女生淡蓝色的裙子上，热泪盈眶却无处可说，为此阿妈赔钱又道歉，好不容易摆平时，许深渊早就离开了，只剩下一个跟他同行的眼镜男，"小妹妹放弃吧，你太简单了，根本不了解现在的男生。"

蒋楚楚不甘心地反驳："我还会长大，不了解就慢慢了解，只要功夫深铁杵磨成针！"

于是蒋楚楚真的琢磨了一个晚上，总算弄明白了正常男生的思维，可书桌上还摆着一窍不通的题目，蒋楚楚责怪自己，还真是笨啊。

不完美的泪，你笑着擦干

闺密说即便好面子，也不该当着很多人的面揭蒋楚楚的短，说明许深渊根本就不是蒋楚楚心中的模样。蒋楚楚第一次跟闺密翻脸，“你什么都不懂。”好在许深渊没让她彻底失望。

蒋楚楚还是忍不住去找许深渊，但她已经不敢走上前了，她发现自己在班级的排名比许深渊的年级排名都靠后，闲暇的课间就一边背书一边远远地观望着A班的教室。

不是没听到有人开玩笑，“许深渊，你的小女友来找你喽。”

每当A班的班长表情夸张地问：“不会是真的吧？就是C班那个最听老师话还总是考不好的蘑菇？”蒋楚楚也说不上心里是什么滋味。

蒋楚楚再悄悄溜到三楼时，迎面是那个苛刻的教导主任，他正黑着一张脸训斥一个男生，那样挺拔如同白杨树的矫健身影，只属于许深渊。

“你说你是不是骄傲了？那么重要的竞赛还敢迟到，这下机会全丢了，保送名额白白送给别的学校了。”

“可是这也不能怪我，我根本没想到空气会被自行车轧到。”许深渊的声音有点儿无精打采。

蒋楚楚的心漏跳了半拍，从她收集来的那些边角料里，她知道空气是许深渊养了三年的猫，都说猫无情，但空气每天早上都会送许深渊到十字路口，空气出了事，许深渊该多难过呢？

“所以为了一只猫你就能放弃那么重要的考试？”蒋楚楚被一声断喝拉回了现实。

“老师，你这么说话就不对了，它们也是生命，我要是不把它送去宠物医院，简直枉为人。”许深渊一字一顿地说。

蒋楚楚看到几十年来桃李满天下，兢兢业业教书的主任恨铁不成钢地揪住了许深渊的领子，她没经过大脑就跳了出来，蹦豆子似的说：

“既然事情已经发生了，就不要再浪费时间争吵了，不在乎小动物的生命是不对，但许深渊的成绩，考上比保送的好一倍的学校也完全没问题啊，塞翁失马焉知非福。”

许深渊和主任都被吓了一跳，但还算言之有理，主任叮嘱了几句便离开了。许深渊和蒋楚楚四目相对又立刻移开，还是蒋楚楚先开了口：“空气还好吗？”

“我把它埋在日月丘了。”

“哦。”蒋楚楚愣了一下，“那我还是不要让你更烦心了。”说完一溜烟往楼道跑去。许深渊望着她离开的背影，带着浓浓烟火气息，下意识地问：“放学愿不愿意跟我去看它？”

做着乱七八糟的题目，蒋楚楚想，原来他还是一如既往的善良。

我不完美心事，你全放在心上

日月丘是小城夕阳最美的地方，蒋楚楚和许深渊一同趴在栏杆上，那一秒她想起一个成语，不枉此生。

她仰起脸问许深渊：“我还在努力，你能不能先不要喜欢上别人？”

许深渊靠在粗糙的树旁，香樟的味道弥漫在风里，许深渊问她：“我到底有什么好的地方？其实我送空气去宠物医院的时候犹豫了一会儿，医生说送去得太晚了。我一边觉得对不起它陪伴了我三年，一边又很可惜我丢掉的竞赛机会。”

蒋楚楚没有言语，许深渊叹了口气，“如果我不贪心，也许就不会像现在这样竹篮打水一场空。其实我心里还是害怕的，岌岌可危地保住排名上的名次，真羡慕你可以活得那么简单。”

“你不用担心的。”天色不知不觉暗下来，站在路灯下，蒋楚楚急切地说，暖红色炙热的灯泡旁是不怕扑火的飞蛾，她从包里掏出一张相片，扬起脸问：“你不记得我了吧？那时候起我就觉得你整个人都特别好。”没有花哨的修饰，在那个连涩果都没长出的时候，喜欢就是觉得他特别的好。

蒋楚楚清楚地记得那一场很重要的省级校园歌唱比赛，不是小歌手的同学也可以自费随行当啦啦队，蒋楚楚很想去看一看，阿妈便立刻支持，“正好平时没空儿带你出去，多见见世面也好。”

但其他家长可就不那么开明了，于是有个小歌手在洗手间扭到了脚被送去医院时，老师只能在三个女生中挑选替补。蒋楚楚想，该唱哪首比较拿手的歌呢？音乐老师却指着她说：“就让她上台吧，她是长头发，可以扎统一的麻花辫子。”

尔后老师悄悄跟场务说：“记得给她一个坏掉的话筒，别让她露馅。”却被蒋楚楚听得一清二楚。

她还是很骄傲自己可以阴差阳错地站上舞台，可是打心底里又很想唱歌，于是站在后台做准备时，她捣了捣前面的男生，“喂，你唱歌的时候能不能把身子侧过来一点儿，我想借你的话筒唱歌。”

许深渊疑惑地望着她，但时间来不及了，蒋楚楚双手合十，“拜托了。”

许深渊想了想，最终还是好心地回答：“那好吧。”

幕布拉开，斜前方的校牌反着金色的光芒，蒋楚楚再也没忘掉过许深渊的模样。

蒋楚楚终于明白，有的人像一道微光，从相遇的那天起，就亮在那里，你习惯了他一直在，但如果有天它泯灭了也无可厚非，可是当那抹光突然被点大烧旺，你便简直不能想象，如果没了他，生命黯淡下来，自己会变成什么样子。

而此刻天暗下来，许深渊就是她蒋楚楚的那束光。

蒋楚楚坚定地带着傻笑说：“所以你不要再自我否定了，你怎样都是我的光。”

许深渊顿了一秒，“该回去了。”

蒋楚楚没心没肺地跑过马路。

这不完美的我，你总当作宝贝

可是蒋楚楚怎么都想不通，唯一的一次情况好转后，许深渊就再也不理她了，就算是偷跑去他的班级门口，许深渊也拉上窗帘把教室挡得严严实实。

这次蒋楚楚再也替许深渊找不到理由了，闺密说：“早就说了，他只是拿你消遣而已。”声音里带着一丝释然和幸灾乐祸，蒋楚楚的心被突地扎了一下，她被刺激到了，在放学的时候，第一次那么大胆地拦住了许深渊。

站在拥挤的人群中，谁都没想到蒋楚楚呜咽起来，“我不知道你为什么躲我，可能是因为我太笨了。”

蒋楚楚仰起脸，模样很傻却很坚定地说：“可是许深渊，空气不在了没关系呀，我的梦想就是和你同养一只伶俐的猫。”

怎么会有人把自己的梦想架在别人的身上，稚嫩！于是许深渊拨开人群，在那么多人的侧目下大步流星地离开。

最凶猛的伤害大概就是视而不见吧，嫌丢人的闺密早就不知道跑到哪里去看好戏了，蒋楚楚苦笑了一下，觉得此刻的自己活脱脱就是一个小丑，她第一次问自己，值得吗？

当然不值得，可喜欢就是想跟在他身后，看他上课睡着流口水的样子也好、气宇轩昂站在人群中发光也好。

蒋楚楚的底线又一次突破了，她做完了所有卑微的事情却没开出一朵花，围追堵截、送爱心午餐、捧着书假装有一大堆问题不会，哦不对，她是真的仍旧什么都不会，即便她觉得自己已经用上了昔日数十倍的努力。

然而这些只是心理安慰，她围绕在许深渊周围，一直朝他跑，却也清楚他们之间的距离越来越远，仅此而已。

许深渊再一次和蒋楚楚说话，是在一个月以后，“欢送高三的毕业典礼上我会唱首歌，希望你能来听。”说完便匆忙离开了。

终于到了那个太阳被云朵包裹的晌午，一下课蒋楚楚便飞奔下楼，高考完的学生前面，许深渊用格外温柔的声音唱完了一首《不完美小孩》。

许深渊说：“鼓掌吧，谢谢那个陪伴了我很久，像歌词里一样对我的女孩儿。”

笨拙的蒋楚楚在台下大呼小叫，所有人的目光都望向她那里，她跑上前大声对许深渊说：“这首歌是给我唱的吧？”

她还是一如既往地做任何事都不经过大脑思考，眼神里的欢喜似乎要喷涌而出，于是下一秒许深渊说：“对不起啊，这首歌的确不是唱给你听的。”

那么还有谁？大庭广众之下，蒋楚楚没来得及问就落荒而逃。

多得是你不知道的事

蒋楚楚和许深渊永远都忘不了那一天，在蒋楚楚坚持了七天终于堵到许深渊想问明白一些事的时候，手机突然震动起来，阿妈突然晕倒在店里。

高峰路段打不到车，蒋楚楚也不会骑单车，她央求许深渊载她一程，许深渊毫不犹豫地拒绝了。许深渊看到蒋楚楚的目光里破碎掉的伤心，和一点儿惊诧的恨。

蒋楚楚第一次知道人的潜力有多大，飞奔去医院直到浑身无力却拼着意志力往医院八楼跑的时候，她泪如泉涌，医生让她别着急，只是低血糖而已，可是如果自己一下课就一如既往去大排档帮忙，妈妈根本不至于没有正常吃一日三餐的时间。

蒋楚楚像是把许深渊从她的生命中删除了。确定她终于不再出现在她面前时，许深渊悬着的心落了下来，他想蒋楚楚一定不知道，那天怕她着急出事，他一直跟在她身后跑去了医院。

可是傻瓜才会听不到身后的脚步声，只是当时太紧张，蒋楚楚顾不上转身而已。

阿妈躺在白床单上，有点儿抱歉地说："本来是一个幌子，可是想了那么久，还是觉得你自己的事情你自己选择。"阿妈递给蒋楚楚一个小本子。

3月11日：这个温柔的夜晚，我明明有轻微夜盲症却能清晰地看着她小心翼翼面红耳赤的模样忍俊不禁。

3月12日：你有那样把一个人放在心里吗，又无奈又纠结，明白彼此不在同一个世界里，对她的喜欢不够让自己停下脚步，她看我的眼神又让我觉得，如果我给她希望又离开，她的天就要塌了，我只能逃。

4月18日：忍不住想给她唱首歌。

4月26日：还是和阿姨决定用低血糖晕倒的事情骗蒋楚楚后悔在我身上浪费了那么多时间。

蒋楚楚笑了，幸好许深渊还是在很多年前就让她忘不掉的特别好特别善良的少年，长痛不如短痛，她不想再打扰他了。

其实还有希望不是吗？好的爱情会为你打开一扇窗，坏的爱情则会摧毁你对爱一生的向往。而许深渊的到来让蒋楚楚只想快点儿长大，学做最美味的烧烤，看他一醉方休，再给他熬醒酒汤，亲口告诉他，自己已经长大了，学会了坦然接受心爱的少年离开，让他别怕也别再逃开。

落在郝叔一生中的雪

张爱笛声

父亲和郝叔

郝叔是我亲叔叔，我爸唯一的弟弟。

父母工作都忙，每到过年过节的时候，我都会拎上他们精心准备的礼品去看郝叔。郝叔独居在乡下的小房子，平日里不喜出门，屋后有一片地，他就在那片土地上种花生，种菜。等到收成的时候，他也会拎着花生油和新鲜蔬菜到我们家。他和父亲感情很好，两个人常常一瓶酒就着一碟花生米能聊一整天，但一年里这样的时刻，仅仅只有一两回。大多数时候，郝叔都在离我们不近的老家，做着自己的事。

郝叔和我父亲面容很像，在我很小的时候我甚至不能区分出他们俩，闹过几次把郝叔叫作“爸爸”的笑话。后来我长大了一些，发现郝叔和我父亲越来越不像了。我父亲早年当过兵，退伍后当了机关单位的一个职员，由于工作出色，几年后升职当了个小领导。他身姿挺拔，器宇轩昂，由于工作上一路顺风顺水，他的身上总是充满着一种人生赢家的气质。郝叔则与父亲截然不同，他比父亲小上两岁，脸上却早早地就有了皱纹，因为常年需要下田耕作的关系，他总是穿着一身最简单的深色衬衫，卡其色裤子，他总说这样才耐脏。他手上有很厚的茧子，脸也晒得黝黑，还是个老烟枪。我听到过不少人说："你这叔叔也是够没出息的，当初要是和你爸一样去当个兵，现在也不至于这么落魄，只能在地里讨生活。"

老家很多人都看不起郝叔，表面上不说，背地里却常常笑话他。我父亲却不允许我对郝叔有半点儿不敬，他总是说："别人怎么说我不管，反正我现在拥有的一切都是你郝叔成全的，你长大后，该怎么孝敬我就怎么孝敬你郝叔。"

郝叔这个人

小时候的每个寒暑假，父母都会把我送到郝叔家小住，那时候奶奶还健在，她和郝叔住在一起。郝叔没结婚，也没有孩子，我的到来使他欢天喜地，他完全把我当作了他的亲生女儿，平日里舍不得吃的用的都会在知道我要来之前就早早地准备好。

郝叔的性格不像我爸，他沉默寡言，不擅长与人沟通，对我好的方式就是不断给我买好吃的好玩的。他不懂得拒绝我的任何要求，冬日里打雪仗，夏日里进森林摘果子，只要我想做的，他都陪我。郝叔有两个爱好，一是写字，二是养蜜蜂。郝叔念过的书不多，却写得一手好字，每年春节的时候都是他最忙的时候，村里不少人家都上门来请他写春联，他爱写字，自然也乐意帮人家这个忙。除夕夜，通常都是我和奶奶在厨房准备团年饭，郝叔蹲在客厅里写他的春联，若是写的字得到了别人的夸赞，他必会好几天都合不拢嘴。因着郝叔爱写字的关系，我在他的教导下至今仍能写得出一手让人称赞的字来。

郝叔养蜂养了十几年，我常笑称他是蜜蜂王国的"国王"。奶奶去世之后，陪伴他的只有院子里的那几箱蜜蜂。我从小见惯了蜜蜂在院子里飞舞，熟悉了从蜜桶里缓缓流出的蜜汁的味道，也记住了每个春天郝叔在荔枝树下忙着采蜜的身影。采完蜜后，郝叔先筛出几斤最好的留给我家，然后再分发点儿给远房的亲戚，附近的乡亲若是上门来讨，他也从不提及钱的事，他不会说好听的话，但做的都是实实在在的好事。

有一年我父亲的身体出了问题，加上当时工作上也遇到了点儿变动，做完手术后的父亲整个人都显得郁郁寡欢，晚上睡不着觉，白天吃不下饭。父亲不让我告知郝叔他的状况，可是郝叔到底还是知道了。他借了一辆车，装满了自家产的青菜、农家鸡蛋、用稻谷碾做的米……当然了，他还提来了好几斤蜂蜜。带来的东西堆满了家里的客厅，见到父亲后，他那悬着的一颗心终于落了下来。“见到你我才安心，昨天夜里一直睡不着，担心哪。还好，你也只是瘦了点儿，脸色还是好的，精气神也还在，都会好起来的。”

父亲那段时间心情不好，脾气也有点儿暴躁，但见到郝叔后心情却平和了好多。

“你一路顺利惯了，其实人生有点儿小磕小碰也是好的，总比一下子摔个大跟头要强。”

“没事咱不寻事，出了事咱也不怕事。你也不要觉得是别人针对你，不要因此就和别人对立起来。”

“任何时候，身体都是最重要的，当多大的官有什么用，都是给别人看的。踏踏实实做事，对得起自己良心就行了，只有家里人才会真正关心你……”

他们坐在沙发上聊天，以往都是父亲说得多，郝叔听得多。这次角色却转换了过来，郝叔说什么，父亲都猛地接连点头，从不争执。临别的时候，郝叔指着桌上的蜂蜜说：“都是我自己采的，很有营养，你每天喝点儿，对肠胃也好，也有助睡眠。”

我不知道究竟是那蜂蜜有奇效，还是郝叔的话开解了父亲的心结，父亲在吃了几个月的蜂蜜后，身体竟然真的慢慢好起来了。

迟到的爱情

郝叔五十岁的时候，有个女人来找他，郝叔见到那个女人，和她抱头痛哭了许久。我问父亲那女人是谁，父亲抽了口烟，叹气说："其实她本应该是你的婶婶的，唉，怪只怪造化弄人。"

原来郝叔在二十出头的年纪曾经谈过一次恋爱，当时的对象就是这个女人，彼此的感情很深，已经到了谈婚论嫁的地步。可是那一年郝叔却感染了风寒，终日咳嗽不停，总也不好。村里人不知怎的就传说他得的是肺痨，是不治之症。女方的父母一听是这病，当然不许女儿嫁给他。那女人也是倔强，认定了郝叔，怎么也不肯另嫁。可她怎么拗得过以死相逼的父母，最终还是含泪嫁给了别的男人。自此之后，郝叔和她就失去了音讯，郝叔的病后来不治而愈，可是心已经被伤透了，也不肯再去娶妻生子。奶奶在世的时候还劝过他几回，可他性子硬，说这辈子就一个人过了。

女人的老伴走了，儿女也长大成人，她唯一亏欠和惦记的人只有郝叔了。她敲开郝叔的门，四目相对间，发现彼此头发都白了，皱纹也深了，只有那份情谊不曾减过半分。女人含泪说："剩下的日子，让我来陪你吧。"

我怎么也没想到郝叔身上还藏有这样感人的故事，我对父亲说，"这下好了，郝叔苦了这么多年，总算得偿所愿了。"

郝叔很快地就和那个女人去领了结婚证，在五十岁的年纪，不顾周围人的流言蜚语。婚礼那天，父亲给婶婶敬了杯酒，激动得语无伦次，半天才说出一句完整的话："我这弟弟命太苦了，你要对他好啊。"

郝叔和婶婶过上了很幸福很快乐的日子，可是这样的日子，也仅仅只有短短的五年。郝叔后来患了重病，癌细胞从胃部转移到全身，医院宣告不治。郝叔最后的日子是在家度过的，陪伴他的有他最熟悉的几块地，几箱蜜蜂，还有婶婶。父亲请了假去陪他，两人每天一起种种地，逗逗猫，父亲再也不拦着他喝酒了，兄弟俩端起酒杯一喝就是一宿，谁也没提及分别，总是在讲以前的事，都在笑，笑着笑着却都红了眼睛。

没多久，郝叔去世了。他的左手握着婶婶，右手握着父亲，嘴角露出最后一抹微笑，也没留什么遗言，就这么去了。

守灵那一晚，婶婶哭得很厉害，来来回回只重复着一句，“本来以为我们还有十年、二十年，可是你只给我了我五年……上天对我们为什么这么残忍……”

父亲是沉默的，沉默得让我以为他一点儿也不悲伤。肃静的秋风，伴着浅浅的长明灯，父亲望着棺木里沉睡的郝叔，他喊来我，让我给郝叔磕三个响头，我照做了。

故事里的两兄弟

后来，父亲给我讲了一个故事。

有一对兄弟，他们出身贫苦，总梦想着有个机会可以跳出农门。两人念到初中时，有部队来他们的小镇上征兵，两兄弟都很想去。可是他们的父亲早早就离了世，家里只有一个老母亲，两个儿子怎么能都离开母亲到千里之外去服兵役呢？距离征兵结束还有一天，弟弟跟哥哥说：“我偷偷报了名，可是没选上，所以又帮你报了名。你快去试试，兴许能选上呢？”哥哥很惊讶也很欣喜地冲去参加甄选，没想到的是，自己真的被选上了。后来，哥哥参军，弟弟留在家照顾母亲，两人的命运从此截然不同。

哥哥退伍后成为公职人员，后来把家安在了城市，生活优越安稳。弟弟在初三那年辍了学，因为单靠母亲之力无法供养他继续读书。他就留在农村里，和周围的同龄人一样，成为一个普通的务农人。

有一次哥哥和当年接走他的首长吃饭，话题不知怎的就聊到他的弟弟，当知道他弟弟在家务农时，首长充满惋惜地说：“你弟弟当年报名参军其实已经选上了，可是后来他说他还是更喜欢读书，于是就推荐了你。虽然你也不错，可是若论身体条件，你弟弟其实比你更好……”

哥哥才知道，是弟弟成全了他的梦想。他们都知道，这一个选择必定会决定他们后半生的命运，可是弟弟没有过一声委屈，没有过一句抱怨。后来哥哥和他道过一声“谢谢”，他也只是窘迫地微微一笑，“你都知道了啊。其实真的也没什么，反正我们俩最终也只能去一个，我在家陪着妈，过着平静的生活也挺好的。不像你，当兵也苦，在大城市打拼也累。”

后来他们就再也没提起过这事，在漫长的光阴里，弟弟甘心地接受了命运的安排，而哥哥对弟弟心存感激，却总也找不到报答他的方式，只能装作顺理成章地接受了他的好意成全。

“这个故事里的两兄弟，就是我和你郝叔。”父亲说着，两行泪涌了出来，“换了是别人，一定会怨，会恨，他真是从来没有。”

孤独的冷冬

“落在一个人一生中的雪，我们不能全部看见。每个人都在自己的生命中，孤独地过冬……”

我不知道郝叔是怎样熬过生命中那些冷冬的，他把梦想给了兄长，爱情也被横加剥夺，命运从未将他眷顾，为了让父亲心安，他从未抱怨。为了坚守爱情，他等心爱的人等到五十岁，这段幸福的岁月却只有短短的五年……他一定也是怨过上天的吧，为什么让他尝了那么多的苦，为什么甜蜜快乐的时光却那么短暂？但他不能说，他只能孤独地，在黑夜里一个人去品尝这种苦，无言地问上天，却始终沉默着不出声。

落在郝叔一生中的雪，在他离开人世之后，我终于得以全部看见。我却再也没有机会，伸手给他掸掸肩上的雪，也没有机会，在寒冬的晚上给他热一壶酒，只为暖暖他早已冰冷的心……

我与骆阳都很平凡

宁　舒

骆阳是《中学生博览》的作者，出道数年有余，刊载数篇佳作。我是骆阳的粉丝，但在此之前，我是一个他认识但不熟悉的朋友。曾经，从他的朋友圈数起我，大概要数到第二圈才找得到。我们数年同校，他曾经的同桌桐是我的好朋友。

很庆幸那时候认识了骆阳，是的，庆幸。

当我获悉曾经同校多年，吃过我妈做的鸡爪我爸做的烤鸭，说话慢悠悠，瘦瘦的长得有点儿小帅的男同学已经长成一只大神时，我有点儿方了！一向在文字方面自觉不如周围人的我，此时也要承认，他还是很厉害的，应了他原名中的强字。

后来知道了他的笔名后，我惊讶了，这家伙的笔名原来我早有耳闻。

那是在班里某次闲聊时，有同学说在《中学生博览》上看到一篇文章，写的分明就是离我们学校不远的某某学校。当时我还不知道此骆阳即彼骆阳，但不知怎么的居然就记住了作者的名字，一直没忘。

知道了骆阳就是我的老校友后，我立刻去找我同学，想聊聊她曾常提及的作者，也存了些想要炫耀的小心思。但可惜的是，她完全不记得。我有点儿尴尬。席慕蓉曾经写道："我记得的事情他不记得，他记得的事我却都忘了。"的确如此，就像从前我只记得骆阳是桐的同桌，而那时候骆阳只记得我送他的烤鸭。

那时候我们都在一个有些陌生的环境，骆阳刚转到文科班，我第一次住到寝室，正是心里有些小情绪的日子。

每天不断不自愿或不自觉地改变着，只是为了适应，为了融入。因为孤单，所以即使是不太相熟的朋友的礼物，也会带给那时的我们以无穷的温暖，增添了继续前进的动力。

那份因失去了热度而味道一般的烤鸭，不仅是在一所全封闭学校里的加餐，也使友谊有了新的遇见。

说起烤鸭，又想到另一件事。在桐的升学宴上，隔了大概两年后我再见到骆阳。我大大咧咧打招呼，本以为他不会再记得我。

万万没想到，骆阳一开口说的竟是："哎，我想起来了，你还给我送过板鸭。"

我愣住了，说实话那时候我对骆阳的记忆已经贫乏到只有名字和样貌，真的没有一下子想起什么板鸭的事。反应了几秒后，我才说："啊，是啊。不对，不是板鸭啦！是烤鸭，我家的烤鸭。"

略有出入的记忆，迟钝的回应，构成了一丝丝的尴尬。还好平时骆阳说话总是慢悠悠颇有亲和力的，不像我似点了火的炮仗。场面看起来总体还是相当和谐的。

以上就是我与骆阳之间曾经不算太深的交集中的两件小事，以及他给我留下的印象。都很平凡，然而就是巧了，这样结下的友谊，到现在想起还是觉得很有意思。

骆阳学习好，但又没有太好，算不上数一数二。长得不差，但也没有十分惊艳，有时候还会因为拍照不会找合适的角度，看起来比本人胖好多。好在腹有诗书气自华，他的言谈举止总是文质彬彬。在我说想要投稿但又不敢时，他会告诉我慢慢来，尽显文艺青年的暖心气质。

但这样的他，若要我评价，依旧只有平凡二字。我们都一样的，是平凡。都在为了生活和理想努力着，坚持着。很反鸡汤地说，某些事情我们不会成功，但我们总会有能量继续前进。

认识骆阳最大的庆幸就是，他使我相信平凡如我们，所有的努力，都不会没有意义。

我与骆阳，都很平凡。

总有一段回忆让岁月惊艳

林书佚

孩提时代的我们总是有着这样那样奇葩搞怪的想法，今天喜欢这个，明天喜欢那个，爱好从来不定性。但小孩子一旦对一样事物执着起来，那爆发出来的能量是很可怕的，连大人都会忍不住大吃一惊。那时候的我就是那样一个在面对自己喜欢的东西时着了魔的女孩儿，在连执着二字都不知怎么写的时候，我就已经把它收入我的人生字典里了。

郑女士曾语重心长地对我说，我什么都好，就是有一点不好——学东西慢。而这一短板，将会很大程度地影响我的生活。

的确，除了学习，我学什么都慢，特别是学自行车，更是龟速中的龟速。

自行车，一直以来都是小朋友童年的梦想，贪玩的我当然也不例外。我对自行车有着一种无法解释的迷恋，用郑女士的话说就是“魔怔了”。

我家里有两辆自行车，可都不属于我，一辆是大姐的，另一辆是二姐的，她们都在小镇上读初中，每天傍晚看见姐姐们从村口直通家门口的那条大道上迎着夕阳骑着自行车回来，我眼里就会绽放出羡慕的光芒。那时候的我决定要快点儿长大，长大就可以和姐姐们一样拥有自己的自行车了。

但家里人都不太同意我学车，他们嫌我太小了，短胳膊短腿的，哪里够得到车镫子啊！实际情况也和大家料想得差不多，大姐的自行车太大我是无论如何也没法骑上去的，二姐的车好点儿，但对身为小学生的我来说还是偏大了。把车座调到最低坐上去，我一脚只能踩到转到最高点时的车镫子，到达最低点时的车镫子根本够不到，一脚踩下去另一个车镫子就上来了。我手忙脚乱，屁股突然就从座位上滑下来，车子一抖一抖失去平衡，我也就顺理成章地摔下来了。

第一次尝试失败是正常的事儿，多花点儿时间学学就行了。但我可没有那么多时间，应该说，我可以学车的时间没那么多。节假日里二姐要去工厂打工，车子要骑出去。我好几次央求二姐和大姐共用一辆，留一辆下来给我，但郑女士压根就不允许我如此胡闹。所以那时候的我每天最期待的就是傍晚姐姐回家了，姐姐们回来之时，便是我可以骑自行车之时了。

大伯曾说过要教我骑车，我起初不太相信，大伯会骑车吗？我可从没见过啊！但大伯都拍着胸脯保证自己很厉害了，小孩子大多心思单纯，一听马上就打消了疑虑。事实证明我确实太单纯了。那天，大伯抓住车让我坐上去，然后让我双脚使劲儿踩车镫子，车子冲出一米远，快意就难以言表了。但大伯的手很快就松开了，没有大伯的手把住车子，我立马慌了，双手抓不稳车把，车子东歪西扭，我又挂彩了！

没想到，大伯竟用一脸恨铁不成钢的样子笑着看着我说：“你太笨了，教你完全是毁俺大名，俺不教了！”一句话气得我鼓着腮帮子一边吹着新添的伤口，一边在心里把大伯抱怨了一通，这根本就是在耍我嘛！

一个夏天过去，眼看着村子里比我晚学自行车的孩子都能在大道上一下慢悠悠一下又如箭飞似的骑车了，我实在眼红，心焦焦的，又烦躁了起来。为了早日骑上自行车和同伴们出去玩耍，我更加拼命地练习。急功近利导致的结果是，我成了村里唯一一个骑自行车摔骨折的人。

郑女士觉得经这么一事我的心里估计会留下阴影，没准还会打消骑车的念头。但她们都太小瞧我了，我是跌倒后就爬不起来的人吗？不是！什么伤痛都是浮云，骨折后，我更加痴迷自行车，天天跑大道上眼巴巴地看着别人骑，弄得别人都不好意思，一见到我就调头骑走。

郑女士拗不过我，哄骗着我说隔壁王小丽有辆大小我刚好可以驾驭的自行车，等我伤好了可以借过来骑骑。我不喜欢王小丽，小孩子讨厌一个人是不需要理由的。但当王小丽来跟我说她可以教我骑车时，我立马开心地同意了，一瞬间所有的不愉快都烟消云散。前面说过了，小孩子大多心思单纯。

伤好后我一直担心王小丽会反悔，毕竟我们两个都互看对方不顺眼，每次考试都要争第一，每次吃东西都坚决不捡对方喜欢的。但王小丽主动来找我了，这令我感到非常惊喜。

出乎意料的是，王小丽教得很认真，很耐心地指点着我："看路看路不要看脚！都说了看路了！目视前方啊……挺直腰板，身子靠车杠，别害怕，车子这样就不倒了……"

我突然觉得，其实王小丽这人还是挺好的。一面全神贯注地听着她的指点，一面脚下努力地蹬着。

不久之后，我就学会骑自行车了，天天骑着姐姐的自行车下田野，上小丘，每天嘴里都哼着歌。郑女士说，今年庄稼长得不错，等丰收了就给我添辆小自行车。我终于要有自己的车啦！不用等到长大了！

放学后走在乡间路上，迎面看到王小丽骑着车正朝我这边来，只见她双手一捏闸，车子就停了下来。王小丽问我："你会载人吗？想不想骑我的车载我？"

"好啊好啊！"我一听说要骑车马上答应了，我还不太会载人，但应该跟后面放上重物的感觉差不多吧，我这样想。

我骑得很费力，但还算平稳，一路上没出什么差错。车子来到了一个下坡的时候，我犹豫了，我想停下来，但车子已经驶下去了。下坡虽然很省力，却也很容易打滑，对于我这种菜鸟新手来说，更是危险。"有失必有得"这句古话说得还是不错的，我是在摔跤中成长的人，从车上摔过那么多次早就练就了"跳车"这种特殊技能，眼见车子就要摔倒了，小腿一迈双手一放就从车子上撤了下来。可王小丽就没那么幸运了，直接从车上栽了下来。

“你还好吧？”我扶起车子推到王小丽面前，特别愧疚地看着她。王小丽的膝盖这会儿已经破皮了，透着丝丝血丝，看着我都疼得慌。

虽然我成功地避免了让自己受伤，但在紧急情况下发型早就散了，现在乱糟糟的。两个人都是狼狈的模样，你看看我，我看看你。突然间，王小丽“扑哧”一声笑了，然后我也笑了。

回去的路上，山头斜照相迎，王小丽骑着车，我坐在后座上，嘴里哼着歌。那时候的我们，俨然成了一对好朋友。

直到现在我和小丽还保持着联系，在一次聊天中，我们不约而同地想起了小时候学自行车时的糗事。笑过之后，小丽突然感慨道：“那时候的我们为了自己想做的事每天一副天不怕地不怕的样子，浑身散发的勇气忍不住就把岁月给惊艳了。”

“现在的我们，面对梦想，也要如那时候一样奋不顾身！需破茧，才能成蝶！”我把话接了下来。说完之后，我们两个又都笑了，就如那时一样，眼睛里熠熠闪耀着面向未来的光芒。